Strategic Management Accounting

战略管理会计

——企业的市场价值成本压力效应

林辉康◎著

中国财富出版社

图书在版编目（CIP）数据

战略管理会计：企业的市场价值成本压力效应／林辉康著．—北京：中国财富出版社，2018.5

ISBN 978 - 7 - 5047 - 6657 - 1

Ⅰ．①战…　Ⅱ．①林…　Ⅲ．①企业管理—管理会计—研究　Ⅳ．①F275.2

中国版本图书馆 CIP 数据核字（2018）第 110264 号

策划编辑	寇俊玲	**责任编辑**	赵　翠		
责任印制	尚立业	**责任校对**	杨小静	**责任发行**	王新业

出版发行	中国财富出版社			
社　　址	北京市丰台区南四环西路 188 号 5 区20 楼		**邮政编码**	100070
电　　话	010－52227588 转 2048/2028（发行部）		010－52227588 转 321（总编室）	
	010－68589540（读者服务部）		010－52227588 转 305（质检部）	
网　　址	http://www.cfpress.com.cn			
经　　销	新华书店			
印　　刷	北京京都六环印刷厂			
书　　号	ISBN 978 - 7 - 5047 - 6657 - 1/F · 2894			
开　　本	710mm×1000mm　1/16		**版　　次**	2018 年 6 月第 1 版
印　　张	10.25		**印　　次**	2018 年 6 月第 1 次印刷
字　　数	179 千字		**定　　价**	52.00 元

推荐序

  中国的经济已由高速度增长阶段转向高质量发展阶段。在高质量发展的要求下，企业的发展和创新条件更是离不开人才和科学知识。管理会计不仅是会计行业的发展趋势，而且得到国家的大力提倡。管理会计发展的最大受益者就是企业。通过管理会计，企业得以将有限资源和资金进行更有效益和效率的使用和转换。

  林辉康先生留学和工作于多个国家，具备国际视野和高度。拥有美国和澳大利亚会计专业相关证书和头衔的他不仅熟练掌握会计和管理会计原理，更是洞悉管理会计的战略性作用和功能，这实属难能可贵。

  林辉康先生将所学所悟及工作经验写成此书，与众人分享，鄙人对其无私的精神十分赞赏和支持。

恒安集团 CEO：

2018 年 2 月

赠　序

　　在企业管理众多的科目中，管理会计是核心，其关键价值在组织核算、编制预算、运用科目设置技术落实预算管理，为领导决策当好参谋。

　　企业会计采用权责发生制，这就要求企业的会计科目使用要精准。

　　一个优秀的会计，也是一个优秀的企业管理者，编好预算只是第一步，然后还要落实执行，通过科目数据变化查找出原因，并寻求解决办法。

　　会计以数据说话，为管理提供精准有效的数据，供领导在管理中使用，让管理做到比有对象、学有榜样、赶有目标、帮有措施。鉴此本人认为每个企业管理者都应尊重这门学科。会计是管理的基石。个人的一些创业小心得，录与共勉。

2018 年 2 月 5 日

自　序

中国自古就有"礼仪之邦"的美誉。中华民族的伟大复兴更是要让世界深刻地认识到中国的这种优良传统。习近平主席对"礼仪之邦"进行了现代化的新注解和新定义，即"富强　民主　文明　和谐　自由　平等　公正　法治　爱国　敬业　诚信　友善"。从这个新注解和新定义可以发现，其中蕴含的价值准则是企业经营在中国经济由高速度增长向高质量发展转变的商业环境中所必须具备的。

中国经济从高速度增长向高质量发展的形式和内容转变直接指明，企业经营意识需要由"量"向"质"的升华。通过企业的经营目的可以对这种升华有一个初步了解。简单地说，从会计角度来看企业经营目的，就是其所经营的商品及服务的数量与价格能够在经营中越来越多、越来越高，也就是，"数量×价格"越来越大。"数量"代表的是过去中国经济强调的高速度发展，"价格"则代表未来中国经济强调的高质量发展。另外，"数量"侧重的是企业经营管理的效率，"价格"侧重的则是企业对市场价值的创造效果。企业由"数量"向"价格"的过渡并不是简单地增加推广费用或减少成本就能解决的经营上的问题，而是应该更全面地对原有经营理念进行提升和创新。

"数量"在企业经营中是一个较为机械性的问题。企业可以通过折扣、赠送、引进先进的机器生产设备等方式降低生产成本，实现对商品和服务的销售"数量"上的提升。但是，建立于市场价值创造能力的"价格"在企业经营中是一个较为整体性和系统性的问题。目前，战略管理会计是一门新兴学科，集战略学、管理学、经济学、金融学、统计学、会计学等学科于一身，是专门用于帮助企业通过合理成本进行市场价值创造和创新的综合性学科。

企业或许很容易引进一台先进的机器设备，可是对于先进的知识却无法直接购买。这是有形和无形的区别，无形事物往往会比有形事物具有更大的价值和重要性。战略管理会计作为一门系统性和综合性很强的科学，很难通过语言上的直接翻译方法而让中国企业掌握其原理，并明白其对企业经营的重要性。

　　我常年专注于西方商业科学和会计科学的学习和研究，为中国企业和其他国家和地区（法国、英国、澳大利亚、美国）企业服务多年。同时，通过对中西方文化的认识及经验积累，我将战略管理会计以中西结合的方法引进中国，期待更多的中国企业认识和了解它，为祖国在经济转型升级之际尽一份绵薄之力。

林辉康

2018 年 1 月

前　言

管理会计，可为中国经济守好实体经济这道防线。

在实体经济创新能力及降成本的问题上，中国各行各业都在出谋划策。针对降成本问题，从政府层面，不间断的行政性和政策性改革在紧锣密鼓地进行着；从学术层面，2017 年的国家社会科学基金申请中的应用经济类别中醒目地显示一个名为"降低实体经济企业成本的理论和政策研究"的研究课题。可见，如何解决中国实体经济企业成本高的难题是一个备受关注的问题。但是，前面提到的政府和学术层面都是企业的一些外部环境因素，而企业的内部环境因素也需要进行科学和合理的自我调整与改革，这样的内外兼顾才能使得中国企业更有效地达到创新和降成本的目标。进一步讲，"花无百日红"这句话充分说明企业外部条件和内部条件的一种关系，绝大多数企业基本没有对外部条件的控制能力，如果只是随着市场规律性和周期性的发展，企业发展瓶颈的到来只是时间上的问题。因此企业只能根据外部条件来进行"未来的自己不是原来的自己"的改革性创新，那么自身进行在"花"的本质上的不断蜕变，便可能出现"红"不限于"百日"，甚至出现万紫千红的效果。

未来，中国企业如何自己进行有目的性的降成本改革？众所周知，成本对于企业来说并不是某一种单一性的事物，而是多种经营元素的组合（如人工、原材料、生产、管理、财务、税务等）。既然成本对于企业是一种综合性和结构性的事物和概念，那么要对整体成本进行真正意义上的"降"，就需要企业对经营和管理意识进行全面性和科学性的"升"。成本的"降"在企业经营中是一个相对概念，例如，企业经营成本提高 10%，而市场却能接受价格提高 20%，这也是一种实质上进行降成本的科学思路。

成本，是一个会计名词。在财务会计里，企业对成本的理解基本局限于账面上显示的成本数字。而成本在管理会计里则是一个很细化的概念，它的分类很多，例如，抽象成本和具体成本、有形成本和无形成本、现在成本和未来成本、制造成本和经营成本、机会成本和沉没成本、量性成本和质性成本等。

管理会计必然是中国企业和中国会计行业在全球化、市场竞争、人工智能、互联网和云科技等众多客观条件驱动下可预见的未来的改革方向。中国在管理会计方面已经不经意间落后于其他国家和地区。纵观世界，服务行业中的企业咨询行业普遍都由西方企业独占，如全球"四大"会计师事务所（德勤、毕马威、安永、普华永道）、麦肯锡咨询公司、波士顿咨询公司、IBM（国际商业机器公司）等。很多人不知道的是，这些企业的很大一部分竞争优势都建立在管理会计对财务数据的强大处理能力的事实基础上。这种处理能力并不是指会计中传统的记账功能，记账业务不能为这些咨询公司带来丰厚的经济回报，这种处理能力是指通过管理会计中的各种原理和工具对最能实际反映企业经营活动的财务数据进行抽丝剥茧，进而通过客观数据的科学引导对企业进行精准改造和升级。因此，上面提到中国企业在降成本的努力上不仅要依赖于外部条件的帮助，也需要自身及时对经营和管理意识进行升级，而作为企业中枢性功能的会计，则需要从财务意识提升到管理意识，这是升级中的重中之重。

竞争，无论在任何社会意识形态下，都会随着社会和环境的不断进步对竞争者所需具备的竞争技能或者条件提出升级要求。一方面，对于个人来讲，在中国改革开放之初，会开车、会简单外语等技能都能使求职者获得一份收入颇丰的工作。而时至今日，对开车和外语等技能的精通或许也只能为求职者谋得一份较为普通的工作，求职者需要更多的竞技条件（如熟悉办公软件、电脑编程、专业分析能力等）才可能在日益激烈的竞争中占有先机。另一方面，对于国家和企业发展来讲，中国经济制造方面的硬实力（如科技、制造技术和设备、现代化基础建设、信息技术）毋庸置疑已处于世界先进水平，但是经营方面的硬实力（如企业内外部条件和数据整合的战略能力、企业财务数据之间的因果链条解析能力、企业经营杠杆的机动和变换能力、市场价值链辨别能力）在客观上还需要得到进一步的培养和积累。在不断加剧的全球化背景下，随着日新月异的先进科技和竞争环境的出现，制造方面硬实力的较量只可能带给企业短暂的竞争优势，而任何企业经营方面的硬实力在未来和长期的竞争都显得尤为重要。例如，中国企业现在能制造世界上的任何一种商品，但是这种商品能否在中国企业自主品牌的经营下得到全球市场的认可和扩张呢？还有，中国企业现在有充足的财力和物力在全球进行扩张，但是扩张的效果和成绩是否令人满意？再有，企业经营内容和经营元素相对于全球行业或竞争者的变化周期是多少？这些问题的答案都有赖于企业自身经营上硬实力得到不断培养和积累的实际效果。最后，制造上的硬实力依赖于科技的先进性（如半自动化到全自动化、云储存到云计算），而经营上的硬实力依赖于理念的先进性（如财务会计到管理会计、企业管理到企业战略）。

　　企业的经营理念和管理理念无疑是上面提及的经营上硬实力中企业需要非常重视的一个竞争制高点。目前，全球比较有影响力的现代化企业管理人物和理论依然以西方为主，在东方也只有几位较为人所熟悉的日本企业家（如稻盛和夫），而中国依然是企业经营和管理咨询行业的输入大国。事实上，中国作为四大文明古国之一，是唯一拥有遍布世界各地的类似"唐人街"的这种代表性标志，以及由数千年前的海上丝绸之路到今日的"一带一路"倡议的超级国家，自古便深谙生活和商业经营之道。比如说，中国自古便有"少壮不努力，老大徒伤悲""因小失大""积少成多""薄利多销""厚积薄发"等经营名言和智慧。但是如何将这些古老的经营智慧与现代的经营内容有效地结合起来，并实际运用在现代企业的经营管理中呢？不难发现，这些至理名言的字里行间都透露了经营中因与果、利与弊、付出与收获、成本与收益的相互关系，而这些相互关系与企业遵循的投入和回报的生存原则存在一致性。因此，把处理企业各种经营活动且反映财务数据的会计，作为古老经营智慧和现代经营管理的链接体具有无可替代和最具实际的客观角色。纵观任何先进的管理体系（如 ISO、6S、阿米巴），无一不是以客观的数据为主，一切用数据说话，而非以任何人的主观意识理论或成功学说为主。

　　由于较早进入市场经济体制，且企业经营成本相对较高，西方国家会计的作用和功能经过长期研究并不断蜕变，发展成为帮助企业在经营管理上进行精打细算和运筹帷幄的各种技巧和工具，即管理会计。而今，会计更是突破了技巧性和工具性的作用，被运用到企业的战略层面。提到战略，有着几千年历史和文化的中华民族在战略方面的理解值得世界借鉴。因此，我十分确信中华民族的战略意识和智慧精华将对世界上的企业经营、管理理念及方法进行补充和创新，进而成为中国经济改革和企业创新的重要推动力。

正是建立在以上内容的本质性思考，本书在我对中西文化不同背景下的企业经营管理的熟悉和会计专业深耕的基础上，将中华民族智慧中的战略性思维和西方管理会计工具的先进性方法进行系统性梳理和提炼，进而实现有机融合，最后产生立足于企业经营管理和成本的新理论和新方法。本书的写作将通过由浅入深和由宽入窄的双向思维结合的方法，对本书的组织构架和写作内容进行有序引导。本书的组织架构和写作内容将紧紧围绕以下三大模块进行。

第一大模块，管理会计是一门专业性很强的学科，它包含着各种各样的财务数据处理工具（如财政部 2016 年颁布的《管理会计基本指引》里的第四章）。但是，此书不以讲解管理会计本身为主，而是通过以管理会计为中心，围绕管理会计与市场、中国发展、金融、财务会计、企业管理等各个方面的关系进行讨论。通过讨论让大多数人对管理会计有一个初步的印象和了解。这样避免了本书变成相对乏味的专业学术读物的尴尬，同时，也能让读者对企业经营和管理知识得到全面性的覆盖。因此，本书适宜人群不仅仅是会计专业人士，也包括企业家、管理人员、创业者及任何商业性的相关人士，甚至非营利性机构人员和政府机关人员，即只要有需要接触机构性管理和财务数据方面的人员，都是此书的适宜阅读对象。

第二大模块，在读者对管理会计有初步性了解的同时，循序渐进地将源自中华民族文化的战略性思维和西方管理会计的先进性工具两者有机地嵌入本书的管理会计内容。

第三大模块，新创的三大"管理会计理论及商业实用战略工具"，是我通过多年的专业领域学习和研究，且充分汲取中华民族智慧的战略思维和西方管理学与会计学的先进功能下，进行提炼和自主开发而成。这三大新理论和战略工具包括：管理会计和电子商务（互联网）、林辉康市场价值成本法（企业战略创新会计法）、市场价值成本指数。这三大新理论和工具具有以下亮点：

——管理会计和电子商务（互联网）：回归"人是技术和工具的主导者，而非技术和工具的被动者"。建立在世界著名商业"竞争战略之父"、哈佛大学商学院教授 Michael Porter 的"波特五力模型"（Porter's five forces）理论的基础上，对电子商务（互联网）的日常大数据和管理会计的数据解读工具进行了科学互动和融合，进而通过财务数据的逻辑推算使得企业能够发现创新的驱动点，这种将"波特五力模型"对人类商业竞争的解析和由财务数据解读工具的完美结合是任何企业都可以运用的非常科学客观的商业创新模式和办法，这能使企业更充分和全面地受益于互联网带来的优势和实惠。

——林辉康市场价值成本法：在对 Franco Modigliani 教授和 Merton Miller 教授（诺贝尔经济学奖获得者）的 MM 模型（Modigliani Miller Models）进行科学解读的基础上，帮助企业在经营上对成本结构中的价值链上的成本和非价值链上的成本进行不断的市场战略调整和定位，以摆脱企业对资源的机械性理解、提高企业对资源的机动性使用、增强企业对经营成本的市场性认识，进而提高企业战略意识的能动性及科学发现和实现企业流程再造的机会。这套成本法由中国的文化和智慧元素、西方的经济学、管理学和会计学元素以及企业经营和市场行为互动的逻辑思考等众多丰富内容综合而成，具有管理会计学说上的新颖性及战略管理会计理解和运用上的独特性，因此直接引用作者的名字对此成本法进行命名，即林辉康市场价值成本法（企业战略创新会计法）。

——市场价值成本指数：市场价值成本指数是林辉康市场价值成本法中的重要部分。市场价值成本指数是经对市场价值成本压力效应的发现演变而来的。市场价值成本压力效应的研究发现得益于 Michael Porter 教授的市场价值链（Value chain）理论、Franco Modigliani 教授和 Merton Miller 教授的 MM 模型中的定理、动作化成本法（Activity – based costing，ABC）和动作化管理（Activity – based management，ABM）里的增值性动作和行为理论及作者长期的会计理论学习和积累。在将市场价值成本压力效应进行指数化处理后，市场价值成本指数解决了企业对市场价值的抽象认识和理解及成本与企业增值性动作和行为的对应关系的复杂处理等难题，使得市场价值能更具体和实际地被企业所理解，也使得市场价值和成本理论能使一般性企业在商业中得到实际的应用。

三大模块的内容是写作思维上的逻辑而非写作顺序上的逻辑。三大模块作为此书的写作思维将通过不同章节里的写作内容的不同分布实现整体上的串联，达到广而不散和多而不乱的写作目的，进而尽最大努力地帮助读者避免读完此书后出现零碎化和片段化的理解，让读者在读完此书后的效果和收益得到实质性的巩固和夯实。简而言之，写作思维将追寻和围绕三大模块进行，写作顺序则根据由浅入深和由宽入窄的双向思维结合的方法进行，写作思维和写作顺序二者结合的简单关系，如下图所示。

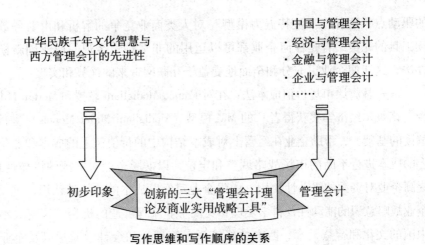

写作思维和写作顺序的关系

值得一提的是，第三大模块中的三大理论各自都有独创性的突破点，即，

——"管理会计和电子商务（互联网）"中由作者独立和首次研究发现的商业创新逻辑和理论，得到了美国管理会计师协会（IMA）的充分认可。并且，在众多企业管理和会计专业人士、教授、专家积极参赛的情况下，此商业创新逻辑和理论获得由美国管理会计师协会及其中国教育指导委员会在中国举办的首届管理会计案例写作大赛的第一名。此次赛事更是在具体落实中国财政部《关于全面推进管理会计体系建设的指导意见》的深远意义下进行的，美国管理会计师协会给予的获奖评价为"在这个案例中发现的逻辑和理论可以应用于世界上的任何公司"。

——林辉康市场价值成本法（企业战略创新会计法）是首部融入中华民族文化智慧元素的战略管理会计法，改良了西方战略管理会计法（如 ABC法），进而帮助企业打破对成本进行制造或经营角度的片面性和单面性认识，升级到以市场价值需求进行引导的制造或经营成本的科学配位的现代化成本认识和分布。

——市场价值成本指数是全球首次通过让企业认识到进行市场价值创造是对企业经营的一种要求和压力，将市场价值概念由传统的抽象化认识演变为可以进行具体化和数字化的实用性和创新性认识。市场价值成本指数的原型"市场价值成本压力效应"已经得到中国版权保护中心的版权证书证明。

最后，书中有些专业性概念源自西方会计学、金融学、经济学、管理学，这些概念如果直译成中文就很难对其专业精髓进行跨文化表达，因此，作者在有意将这些专业性概念译成中文的同时，也将其英文原形在旁边用括号的形式进行标识，也有极个别的英文单词不再进行翻译，而是从侧面对其说明。

此书将通过对会计本身的详解，会计与金融学、经济学、管理学之间的关系进行联系和解析，使读者对会计拥有更全面性和商业性的认识。

林辉康

2018 年 2 月

目　录

1 初次瞭望——战略管理会计

1.1 何为"战略管理会计"

    传统的管理会计，一直都是集中在对计划（Planning）、预算（Budgeting）、预测（Forecasting）等功能和方法的研究上。但是面对科技和产品创新成为当代商业竞争的常态化局面，类似中国、美国、欧洲、日本这样的消费市场，企业产品和服务之间的竞争不再简单地集中在成本端，更多的是向企业产品和服务的价值端靠拢，也就是人们常说的"只买对的"。随着人们生活水平的不断提高，企业经营的成本到底能不能创造出"对"的市场价值需求，才是当今和未来企业面对生存和竞争需要更多思考和关注的问题。企业产品和服务的成本很容易被计算和跟踪，但是企业产品和服务的价值是个非常抽象而且最为重要的市场事物。企业的产品和服务没有市场价值的存在，就不可能成功进行销售行为，脱离了销售的实际，企业的成本无论再如何计划、预算和预测都毫无作用。无销售，任何成本都不可能回收；有销售，成本的或多或少，或高或低才有产生回收的可能。因此，帮助企业计划、预算和预测来降低成本是管理会计的传统性，帮助企业通过市场价值创造来引导资源的合理使用是管理会计的战略性。

    战略这两个字在与现代化相关的商业知识里经常被有意或无意使用，如战略管理、顶层设计等。但是，无论战略这个概念被如何使用，归根结底它都是人脑的一种思维性产物。如果当今人类在人工智能面前还有值得骄傲的地方，也只有战略思维。人工智能自我学习的能力再怎么强都不可能超越人类的战略思维。当然，国际象棋被公认为一种具有战略格局意义的游戏。当人工智能成功挑战世界各大顶级国际象棋大师的时候，人们纷纷议论人类被人工智能打败了，这事实上是一种偷换概念的理解。国际象棋再如何具有战略性意义的象征，它终归只是一种游戏、一种有规则、一种局限在一堆格子里，一种棋子不可以走出格子外的游戏。人工智能在这种本身已经具有条件性和制约性的游戏里胜出的前提终归只是其对棋局内的无数"有限可能性"的超强运算能力。在离开棋局后，人类在社会生存的这个"大棋局"环境中哪怕只是人与人之间一个微妙的眼神、一个会意的笑、一个破坏游戏规则的小想法都会使人工智能无所适从。因此，无论人工智能在现在或未来如何发展，战略（思维）是人类与人工智能最后唯一可区分性的界限和标准。

战略在人类非对抗性和非商业性的环境里得到使用，只要不违法违规，那都会是一种"公说公有理，婆说婆有理"的事物。可是，战略一旦在对抗性，特别是在商业性的环境里得到运用，那就需得到财务数据对其正确性的佐证，否则在企业董事局或决策层里的每个人都会说自己的战略理解和方向才是最正确的，但是企业资源的有限性和竞争的现实性并不允许所有人的战略思维得到实践和检验。企业唯一的选择是建立和围绕在客观的财务数据的基础上进行出谋划策，最后做出结合人类主观性和数据客观性的综合判断与决策。这便是战略管理会计存在的根本意义和本质。

战略管理会计是一门独立的学科。单从字面来看，"战略管理"为四个字、"会计"为两个字，三分之二和三分之一的比例关系已经充分说明了战略管理会计的侧重点并不是会计，而是企业的战略。战略管理会计作为一个科学性的系统，其工作原理是将企业的整体战略分布和布局到企业的不同功能和不同部门中，然后通过企业的管理来确保其分布和布局到不同功能和不同部门的局部战略能得到实施，最后通过财务性和非财务性数据的显现性来观察管理工作的完成情况，同时，通过财务性和非财务性数据的客观性来验证企业整体战略的主观上的正确性。

会计领域，曾出现过一个叫作战略成本管理的理论。虽然有人认为战略管理会计和战略成本管理相同或相似，但是二者貌似相同，实则侧重点和理解方向截然不同。战略成本管理依然没有离开传统会计的"计"（即计算和计划）式思考。战略管理会计则立足于"计划没有变化快"的"变"式思考。战略管理会计中引入了一个全新的词和思路叫作"Crafting"。当然，"Crafting"这个词很容易在各大字典或互联网中找到其中文字面意思，但是其与会计的联姻如果非得用中文说出来，那么"工匠精神"这个词最为合适。这里的"工匠精神"不仅包含细心和耐心的特征，更是强调其赋予各种事物生命力的能力。那么战略管理会计中的"Crafting"便是指会计专业人员需要赋予财务数据更多的生命力。如果生命力是以人类作为一个参照物来理解，那么财务数据的生命力就要充分体现其灵活度和敏感力。

战略管理会计中体现财务数据的生命力可以用"收入"作为一个简单事例。收入等于价格乘以数量，即收入＝价格×数量。价格和数量分别在"×"的两边，犹如企业的两条腿需要进行交叉性走路，才可能持续前行。"价格过高，数量就迈不出去""数量过高，价格就迈不出去"，两种情况都无法满足企业适宜的收入水平以确保其稳定发展和成长的需要。这里虽然用价格和数量形象地比喻企业的两条腿，但是战略管理会计中对于企业经营最为根本的两条腿实则为成本和市场价值，战略管理会计就是帮助企业如何从"高成本，低市场价值"的行走逆境转向"低成本，高市场价值"的行走顺境。

1.2　"核心竞争力"的商业正解

商业战略的最终目的是创造核心竞争力，进而通过核心竞争力获取高额回报。可是，对于核心竞争力的定义和理解，许多企业通常无法进行准确的捕捉和定位。中国伟大领袖毛泽东当年对核能力一针见血的卓越见解间接地指出了当代企业在经营上对核心竞争力的理解误差或理解错误，毛泽东当年用"战略上为纸老虎，战术上威力巨大"这样的点评来总结最为先进的核能力的军事竞争作用，这个评价如果用直白言语来陈述，则可以解释为"貌似很厉害，实则没有用"。先进的事物自身固然是好东西，但是对于商业环境来说，它的好或不好就得根据具体情况和环境有一个相对性的比较。适应了商业环境和市场的需求就是好，反之，就是不好。例如，民间使用的无人机。无人机自身作为一个先进技术的产物固然是好设备，可以大大提高传送和物流速度，但是它的商业价值可能会受到环境的制约。比如，它可能存在航天安全威胁、窥视隐私忧虑、高空坠落隐患等问题。政府为了民众的安全和生活着想，政府的政策应该不会允许让无人机漫天乱飞。因此如果希望借用无人机的先进性而产生商业上的核心竞争力的企业，反而可能遇到瓶颈，最后其先进性无法给企业带来真正的核心竞争力和商业价值。

1.3　企业的"新而不新"的经营尴尬

市场价值，而非成本是战略管理会计的理解核心，市场价值的研究又以商业战略学第一人哈佛大学 Michael Porter 教授的市场价值链（Value chain）理论为中心。商业核心竞争力的产生源于市场价值链的整体性，并不是企业销售的产品和服务自身能够独立完成。表面上我们可能会看到某某企业的产品和服务销售得很好，但是在"销售得很好"现象的背后是企业采购、研究开发、质量控制、人员招聘、市场推广等一系列的企业经营，这一系列的企业经营活动组装到一起就是市场价值链的内容。市场价值链既然是以一种"链条式"的形式存在，那么就很讲究其一致性和协调性。许多企业在经营上往往只注重企业的产品和服务本身，而无法注意和理解市场价值链的其他部分，因此企业在经营方面很容易导致一种"新而不新"的经济现象。"新而不新"的经济现象主要是由于企业对市场价值链的局部而非全面的了解和重视造成的。例如，餐饮行业中，新开设的餐饮企业虽然装修是新的，菜品是新的，但是依然无法在激烈的竞争中具备明显的竞争优势，也就无法获得较高的经营回报。这是因为餐饮企业的所有经营物件（如桌椅、餐具、厨具等）虽然都是新的，但是市场价值链相对于其他竞争者来说能输出给市场和客户的并不是新的价值，这便是企业面临的"有新事物而无新市场价值"的"新而不新"的经营尴尬和困境。

另外，除非企业经营的产品和服务是具备独特性和稀缺性的（如矿物质），否则都需要讲究市场价值链的输送原则。而市场价值链的输送原则首先讲究有效性，然后才是效率性。企业经营的成本达到的经营效果考虑的是其有效性，企业经营的成本高低则考虑的是其效率性。那么这里就将企业利润表划分为两大部分进行分析，一部分是营业收入（价格乘以数量），另一部分是营业成本（各种经营费用）。营业收入对应的是成本的有效性，营业成本对应的则是成本的效率性。两者并不是一种独立关系，而是一种互动关系。例如，价格要高，研发和推广成本可能就得高；数量要高，折扣成本可能就得高。这里可以很直观地看到要实现企业经营最根本的目的——销售（价格和数量），有关的经营成本是无法避免或者不可缺少的。在一定时期内，不可能在想推高价格或者数量的时候，又想降低成本，这本身就不具备科学性。企业在推高价格或者数量的时候，对成本唯一能做的是"成本模式"的变化，而不是成本本身，成本和回报一定是一种有"付出才能有收获"的正比关系。最后，企业"成本模式"的变化也就意味着"市场价值链模式"的变化。最能用来说明"成本模式"变化的例子莫过于用于经营的店面。店面的租金对于商家来说都是一种固定成本，但是这种固定成本可以根据其面积的平方数来进行商家的"成本模式"转变的基础。比如，通过店面每一平方米多少租金来计算其成本用途。在店面开始经营阶段，商家应该用更多的平方数和其成本来作为推广用途，以便吸引客源和增加其市场份额；由于店面面积的不可变性，商家在获得充分的市场份额后，应该在发展阶段把更多的平方数和其成本转换成为高价格产品和服务销售经营，或高数量但普通价格和服务销售经营的"成本模式"的变化基石。"成本模式"转换的必要体现在人为的主观和市场的客观之间需要不断地调整和磨合。就如在这种使用店面进行商业经营的形式，店方通常只会理解该有多少客户进店消费就能回收成本的机械式会计理解。但是，客户到底进不进店？进店又到底消费还是不消费？这些都是由客户决定的，取决于客户对整体市场做出的客观反应和判断。因此，店面经营者（企业）在不同的时期应该根据市场的不同反应和不同阶段进行经营上的调整，那么，经营调整也就意味着资源分布的调整，反过来说，资源分布的调整也就是"成本模式"和"市场价值链模式"的变化。

1.4 中华文明与战略管理会计

竞争是商业存在的根本性之一。说到竞争之道就不得不提中国功夫中一直提倡的"唯快不破"的说法了。但是，"唯快不破"只是一种战术性理解。企业要在当今快速变化和激烈竞争的商业环境中生存需要做到"唯变不破"，而这是一种战略性理解和需求。正所谓，变化才是唯一不变的。毛主席当年通过在"运动中寻找战机和胜机"的实践更是充分地对"唯变不破"的战略思维的正确性提供了有力实证。

中华民族的千年文明里蕴藏了许许多多与当代管理会计先进性和战略性相通的地方，这种人类智慧跨越时空的链接传递着一种继往开来的开拓精神。也是基于这种精神，我尝试着在前人已有的知识点上，进而深入研发管理会计的战略性作用。这种尝试既然是建立在对中华民族千年文明和当代管理会计二者的掌握和理解上进行的，那么先简单来看一下这种古今智慧碰撞的事例。

"授人以鱼，不如授人以渔"。这句古语名言很形象地指出了对会计报表的理解。鱼就是企业的资产负债表，渔就是企业的利润表。企业经营"由鱼到渔，再由渔到鱼"和"鱼渔互动"便是隐藏在这两张会计报表后面的奥秘之处。阿里巴巴公司当年的发展缺乏资金，也就是资产负债表比较弱，在获得资金支持后，事实证明这是一家虽无"鱼"但有"渔"的企业，其利润表在后期的表现是十分强劲的。相反，柯达公司当年的资产负债表是很强劲的，有足够的"鱼"，但是其"渔"能力的不足和退化使其利润表表现越来越差劲，最终导致其就如同自己经营的照片业务一般，成为封存的记忆，退出历史的舞台。资产负债表和利润表如何互动来帮助企业稳步前行便是管理会计的一种作用。

"磨刀不误砍柴工"。企业经营的理解普遍集中在"收入－成本＝利润"这个公式上。中国自古就有磨刀不误砍柴工、事半功倍等名言的代代相传，这些古语名言都早已点明了企业经营对成本的另一种理解方式，这就和管理会计里的机会成本、沉没成本等的理解如出一辙。成本对企业来说不应该只是简单的减和加的计算理解，还应该有乘和除的思维方法。因此，企业经营对成本的理解或许可以将传统的"收入－成本＝利润"升级为"成本＝收入－利润"。"成本＝收入－利润"充分地指出了成本的意义所在，成本是为了收入和利润而存在的，而不是为了节省而存在的，这样企业的经营方向才不会本末倒置。企业的成本只有能创造市场价值，才能产生收入和利润的机会。企业如果一味强调节省成本，那么很可能造成偷工减料、弄虚作假的经营现象。管理会计帮助企业建立起对待成本的态度也是其最为本质的作用。成本是一种资源消耗，企业成立，并获得资源后，下一个问题就是如何消耗资源和资源消耗形式的选择，那么这些问题都可经由管理会计的科学性进行有效解答。

"三十年河东，三十年河西"。这是一句流传千年对社会和商业竞争最为客观的说法和写照。这句话表面上看似是一种对命运上时来运转的表述，但是实际上它是对宏观和微观环境发生变化的一种指向。例如，银行行业的行为对企业经营的影响是一种最为外部性的指标，当中国的制造业处在蓬勃发展的时候，银行资金便会注入工厂，当中国的基础建设和房屋建筑欣欣向荣之时，银行资金就会从工厂抽出转而注入房地产行业，而今当互联网行业日益扩展的时候，银行资金又会大量转向互联网科技行业。这种外部性的环境变化不仅仅是一个企业能否生存的问题，甚至会是一种行业能否存活的问题。那么既然整体行业都会面临这样的问题，身为个体企业又怎么可能独善其身。管理会计的战略性便是通过数据的显现性和客观性作用帮助企业注意到外部的变化，以便及时调整其战略意识和战略方向。这也是当今企业在外部环境瞬息万变的竞争条件下，管理会计的战略性显得尤为重要的意义所在。

2 经济和市场

2.1 实体经济

此书一开始就在前言中开宗明义地指出管理会计是为实体经济进行服务的。那么这里就需要了解一下什么是实体经济。从不同角度进行观察，经济有不同的划分和称谓。例如，从传统角度观察，经济是由第一产业、第二产业和第三产业构成；从互联网角度观察，经济又可被简单分为线上经济和线下经济。一般来说，可以通过"实体"这两个字的字面意思来推测出这种对经济划分上的理解方法，应该有另一个经济面叫作"虚体"经济。当然，实体经济和虚体经济只是字面的叫法，在经济学的专业上，对"虚体"经济的称谓更普遍的应该叫作金融经济。由于现在互联网和信息科技的高度发达，对实体经济和金融经济的传统定义和说明这里就不进行冗长和烦琐的背书。我们在这里将通过管理会计的独特角度对实体经济的理解进行勾画。

经济活动中，任何个体（个人或机构）的财富积累和产生的基本原则都是通过某种媒介（如商品或证券）来进行"由钱生钱"的目的，不同的是财富积累的渠道有所不同。"由钱生钱"有两个根本性渠道：第一，投资（投机）；第二，实质性经营。从商业理解来看，第一种渠道包括证券投资、房地产投资、股权投资、资源投机、货币投机等商业行为。第二种渠道便是中国经济改革开放之初的中国制造生产，还有后来的服务行业发展及现在和未来的科技行业发展等企业经营行为。两种渠道（经济行为）就像一个国家经济体的两个平衡点，一旦失调，国家经济体便会失去平衡而出现不同程度的伤害。根据有关新闻报道，中共中央政治局在 2017 年 4 月就维护国家金融安全进行第四十次集体学习时提到"维护金融安全，根本目的是要让金融服务好实体经济"，这深刻地指出了由投资（投机）行为主导的金融经济和由企业经营行为主导的实体经济两者之间的平衡关系，同时，也反映出实体经济作为整体经济根基和立足点的重要性。

2.1.1 实体经济的意义反思

通过 2008 年全球金融海啸的"次贷危机"事件便可直接发现金融经济和实体经济的这种基本关系。全球许多金融领域的学者和专家对 2008 年金融海啸的爆发都有各自的看法和评价，所谓众说纷纭。但有一个事实是无法改变的，那就是导火索"次贷危机"本身的性质问题。"次贷"的对象是一些实际收入创造能力低的债务人，因此建立在这些债务人基础上的金融衍生品（Credit Default Swap，CDS）产生的大量货币的价值自然只能依赖于"次贷"对象的低创收能力。换句话说，"次贷"的对象若是一些实际收入创造能力高的债务人，也就没有"次贷危机"和 2008 年的金融海啸，或许更负责任地说，起码爆发的可能性和严重性会降低。当然，历史无法重演，但历史的价值之一就是给予未来的借鉴。人是对社会价值进行创造的最基本单位，由许多人而组成一个社会机构（营利性和非营利性）。而社会机构是对国内生产总值（Gross Domestic Production，GDP）进行创造的基本经济单位，由许多社会机构组成一个国家经济整体。虽然，这些构成国家经济整体的社会机构的内容、性质、业务和目的各有不同，但是它们构成的关系之一就犹如刚刚从"次贷危机"事件中学习到的一个基本逻辑，那就是国家经济的金融发展需要高创收能力和高创新能力的实体经济机构（企业）的支撑。

经济的复杂性并非源于金融经济与实体经济两者本身，而是由于有"不确定性"存在于联系两者的众多因素中，例如，人文（如风险意识）、政府（如管理意识）、政策（如货币/财政）、科技（如互联网）、法律（如公司法和证券法）。全球化的今天，这些原本存在于各个国家独立经济体中的众多因素，又在国家与国家之间发生了更为复杂的联系，最终才产生了由金融经济和实体经济构建的全球整体经济的难以道明的复杂性。在不考虑这些众多因素下，金融经济和实体经济除了一些各自专业（领域）上的用词和称谓，两者本身又存在下面几种基本关系：

——金融经济发展依赖于对实体经济基础的展望，例如，证券的价值包括实体经济企业的现有实际价值和未来预期价值。

—— 金融经济支持货币的数量发展，实体经济支持货币的质量发展，例如，货币的数量和质量关系可视为通货膨胀的背后本质。

—— 金融经济和实体经济的互相拉动，例如，实体经济的发展需要资金的投入，而金融经济的发展需要实体经济对自身健康的实际创造能力。

金融经济中的许多盈利行为较为世人所熟知，如证券投资、银行理财产品投资、房地产投机及民间借贷等。而实体经济中最为常见而不被熟悉的会计如何帮助企业盈利却鲜为人知。常见的原因是，会计的日、月、季和年各阶段的财务报告是企业经营中常常能见到的，但也仅仅是会计的记账作用和功能。会计不被熟悉的原因可能是一位企业经营者也难以对会计中报表与报表、科目与科目之间的关系进行熟练的理解及关系转化。还有，可能一位合格的会计人员往往也会局限于对会计准则和税务准则的记忆和熟悉，至于，如何运用会计和会计原理帮助企业进行经营元素的调整和管理从而实现、增加及保持盈利则更少有人懂。

2015 年 11 月，中国经济开始供给侧结构性的深度改革。习近平总书记更是在 2017 年 10 月召开的中国共产党第十九次全国代表大会上正式提出，中国特色社会主义进入了新时代。两次经济改革、中国特色社会主义和新时代中国特色社会主义的历史性确立都是立足于中国所处不同时代环境的现实情况的需要，时代和环境的变迁对中国企业在未来的发展和竞争提出了新要求和新条件。然而对新要求和新条件的理解和掌握，需要企业进行从里到外和从外到里的双向审视。这便要求中国企业不仅有站在中国看世界的民族自信和奉献的精神，同时，也需要换位到世界看中国的角度，拥有更进一步的自我检查和学习的勇气，才能对企业在新时代和新环境下的经营方向和方法进行更为准确和更有格局的客观捕捉和及时调整。

"关系（Guan Xi）"一词常常出现在外国书籍和资料里，是一种对中国企业经营传统的解读。现今，在国家层面，政府进行反腐提效；在经济层面，各行各业推动供给侧结构性改革；在市场层面，中国企业走出去和外国企业走进来的全球化竞争发展趋势愈演愈烈；在科技层面，互联网和人工智能带来未来挑战。面对这些挑战所带来的旧经营传统的打破和新经营传统的产业，部分行业和企业出现不适，无法跟上节奏，进而出现阵痛或者迷茫的现象。企业家多将这些负面性的感受的由来归于外界因素。例如，实体经济企业家有对互联网引领的虚拟经济（尤其是电子商务）进行抱怨的，也有对各种经营成本上升的无奈，还有对国家税收政策有所微言，等等。商业本来就是机遇和挑战并存的一种机制。如果外部因素让企业出现痛感，那么也提供给企业一次通过自我检查进行"去病疗痛"的难得机会。事实上，对市场经济体制的运行缺乏客观的认识及如何对待这个客观事实，应该是中国企业在这次宏观环境变化中出现负面性感受，所应该面临的更为深层次和值得思考的主要原因之一。中国被誉为世界工厂，在世界工厂美誉下形成的经营惯性更多地集中在对成本的控制上，而缺少对市场价值需求的重视。例如，市场价值需求驱动缺失的中国制造经营模式更多的是依赖模仿和跟随，研发投入少且缓慢，因此企业的创新力从一开始就没有得到有效和长期的培养与积累。

十分骄傲和激动看到中国出现几家世界级别的企业。然而，虽说这些企业在国内耳熟能详，但相对于中国企业的数量和中国经济的体量，它们毕竟只是九牛一毛，因此，少数企业的辉煌和成功无法代替整个中国的经济现实和中国企业整体的实际水平。对于企业数量在经济体里占比为绝大多数的中、小、微型企业来说，该如何面对未来的经营和发展确实需要从长计议。另外，科技在任何时代都是社会经济的弄潮儿，从一开始懵懂的石器时代到现在高度发达的互联网时代，科技引领的每一次社会发展的工具性革命都会给人类带来翻天覆地的变化。互联网不会是人类终极的科技和发展工具，人类对科学永不停息的探索精神都能预见性的知道在未来或许某种新兴的科技也会超越和取代互联网科技。当前比较引世界关注的中国知名企业几乎都是来自科技背景行业，而且这些行业几乎都是依托在互联网科技上的企业。就现实而言，科技的进步和革命造就一些新兴行业和企业并不是十分新奇的事情，但是新兴行业毕竟只是整个世界和国家经济体的众多行业的一小部分，新兴行业可能取代一些传统性行业，却无法取代经济整体的重要性和全局性。那么，其他行业（如传统行业）未来该如何发展呢？事实上，在科技只会随着信息透明和传播越来越快而变得科技本身的周期性不断缩短和普遍性不断加速的情况下，科技型和非科技型企业未来在国内和全球竞争中都要依赖企业的战略性思维和管理。企业或许可以尝试一下这样思考和理解，企业从中国在经济改革开放的初期的生产性竞争（如以先进设备赢得市场），到后期的推广性竞争（如以明星代言赢得市场），再到现在创新性竞争（如互联网的介入赢得市场）。创新性竞争在当今这种商业速度的环境下很快又会成为新常态，那么下一个竞争风口呢？答案直接明了，即企业全局性和整体性的战略能力。

2.1.2 实体经济与管理会计

中国国内生产总值的长期增长率由以前两位数变为现在个位数的客观事

实，预示中国企业在未来的发展只能依赖于强创新能力，而非低制造成本。这种不同时代下出现的对企业发展的不同要求，在经济意义上已经将中国经济划分为中国制造时代（Made in China）和后中国制造时代（Post‐Made in China）。在中国制造时代下，中国企业的发展更多的是对未开发过的巨大中国市场所提供的宏观增长机会的捕捉和依赖。而后中国制造时代，面对开垦后的中国市场（及全球市场），则需要中国企业通过对行业的微观分析和企业自我分析寻找新的增长机会和盈利点。中国政府提出"大众创业，万众创新"的"双创"指的是企业创造新的市场价值需求和升级旧的市场价值需求，并非单纯再对更低成本的中国制造进行追逐。"双创"下的中国企业经营思路的侧重点不是低成本，而是有需求的高市场价值。在当今市场信息高度透明和对称的条件下，建立在对行业的微观分析和企业自我分析的"创新"，需要企业具备更强大的获取信息的解析能力和战略制定能力。

中国企业对财务数据的认识一般源于财务和税务会计中较为常见的资产负债表、利润表、现金流量表和所有者权益变动表。会计只是一个统称。事实上，会计是一门十分庞大和复杂的科学。与企业经营的关系较为紧密的有财务会计、税务会计、管理会计，它们在企业中扮演着各自重要的角色。

—— 财务会计：由于企业经营者掌握着许多社会资源（例如，员工、银行债务、供应商货物等）的支配权力，因此需要通过财务会计对资源使用情况向外部相关方面进行责任性汇报。

—— 税务会计：国家需要财政收入维护国家的正常运转和发展，保护企业生存和发展的宏观条件。例如，国家建设高速公路和铁路，企业才可能将商品和服务进行快速流通；国家建设学校，企业才可能有人才支撑其发展；国家维护政治、军事和社会安定，企业才能安稳发展。

—— 管理会计：一种服务于企业内部的具体需求，通过预测、预算、激励、控制和计划满足企业管理需求的会计。

财务会计和税务会计都有相关的制度和规定，使用起来十分便利。而管理会计则包罗万象，是根据企业的具体环境和经营操作内容的不同而进行的有针对性活动，因此比较复杂，但也具有较强的灵活性。管理会计里有许多能帮助企业提升管理效率和效益的工具。现如今，世界上最为先进的管理会计科学已经实现了由技巧性作用和功能向战略性作用和功能的蜕变和升级。

中国财政系统的有关人员曾经点明几大制约管理会计在中国发展和应用

的原因，其中包括管理会计理论体系的缺乏和管理会计专业人才的匮乏。自从 2013 年，中国财政部为管理会计的理论体系建设投入巨大的精力，终于在 2016 年 6 月正式颁布了《管理会计基本指引》。关于人才建设方面，管理会计专业人员被中国财政部和上海市政府分别于《会计改革与发展"十三五"规划纲要》和《上海金融领域"十三五"紧缺人才开发目录》中明文列为"紧缺人才"。

在后中国制造时代，管理会计为何在促进中国经济的转型升级中具有这么重要的地位？首先，企业经营的最根本基础是把人为意识的主观和经营实际的客观两方面进行科学结合。企业经营需要依赖人在经营经验上进行主观意识的不断积累和判断，也需要依赖数据来对人的主观意识决策进行科学和客观验证。通过主观意识和客观举证所进行互动性的调整和提炼，使得企业经营更有市场敏感性和竞争性及资源的灵活性和针对性。管理会计针对的是企业最根本和最重要的财务数据的处理和提炼，在企业的经营客观方面具有不可替代的作用。其次，管理会计的技巧性能让企业资源的使用在效率和效益上得到显著提高，管理会计中的各种工具（如预测和预算的计算、杠杆原理、静态预算差异、弹性预算差异和销售量差异分析、可持续增长率计算、经济订货批量计算等）都能帮助企业实现避免产能过剩、去库存、去杠杆和降成本的目的。最后，管理会计的战略性能让企业资源对市场需求价值的匹配和定位进行精准投放。例如，市场价值链、增值性动作理念、动作化成本法、动作化管理等更是能帮助企业根据市场所需求的价值和自身核心竞争力进行探寻，并实现企业经营创新的可能性和可行性。

虽说企业的研发（Research 和 Development）很重要，但是研发更多的是针对企业的产品和服务而言，它无法取代对企业创新力（Creativity）的全面性要求和理解。准确地说，研发只是企业经营链条中的单一环节，而创新力是对企业整体经营架构和链条的全面审视。企业的创新不仅可以出现在产品上，也可以出现在经营架构和链条的其他局部上或者对整体经营架构和链条的重新组合。无论如何，企业的经营都要遵循一个规律，即投入成本与所获收益的综合考虑。创新成本和创新收益的计算亦需依赖管理会计的科学工具。

目前国际上对于管理会计的运用主要集中在两个方向：一是管理会计的技巧性作用和功能；二是管理会计的战略性作用和功能。可能企业不会陌生管理会计的技巧性作用和功能，如预测和预算的技巧和工具。但是绝大部分企业并不是十分清楚作为一门现代先进科学的管理会计的战略性作用和功能。管理会计的技巧性作用和功能的主要目的是"如何使企业用更少的资源获得更多的收益"。而管理会计的战略性作用和功能则关乎企业的战略方向。例如，任何企业的销售额或盈利额都会受"商品价格×商品数量"这个简单公式的限制。那么，某工厂希望采用低成本的战略来销售更多的商品数量而使企业的销售额和盈利额增加。但是通过计算发现企业的厂房无法容纳足够的生产设备对销售上需要增加的商品数量提供支持。企业只能通过提高商品价格来使企业的销售额和盈利额增加，但是提高商品价格，企业就需要改变和采用差异化战略。这便是通过管理会计的原理来帮助企业实现和达到扬长补短的战略目的。

盈利是商业存在的根本目的，也是管理会计和实体经济的连接点。企业一般通过投机（Speculation）、投资（Investment）和经营（Operating）来实现盈利目的。三者之间的最根本和最本质的区别在于市场需求价值供应的存在与否。例如，生产性企业的经营是由研发、材料采购、生产、物流、销售、售后服务等一系列经营环节组成而实现对市场需求价值的供应和满足，服务性企业的经营则由市场调研、装修、商品采购、接待、销售、售后服务等一系列经营环节组成而实现对市场需求价值的供应和满足。但是如果企业出现投资和投机行为，就不会有这一系列的经营环节的出现，自然也就无任何市场价值供应的说法。

任何形式（实物、债务或股权）的投资和投机都是不存在对市场输送任何有市场需求价值或者增值的行为，而是一种在市场价值链条缺失的情况下，通过机会主义进行的套利。经营则是通过对市场的需求进行价值性满足而达到盈利目的，但是通过企业经营的方式来对盈利目的进行实现却不是以企业的意志为转移的，而是通过企业在研究和遵循商业环境后，进而组织一系列商业操作行为打造出有市场需求的价值链条进行价值输送，最终实现企业的盈利目的。

下面将以房地产行业为例对"经营"与"投资或投机"进行区分认识。中国房地产行业一直是备受关注的行业，而围绕的热门话题就是房子的"住"与"炒"。房地产企业通过购买土地和原材料采购、建筑设计、建筑施工到销售房子等一系列的增值性商业行为，为市场提供了有"住"的需求的房子，这是属于正常的经营性商业行为。机构或个人对土地和房子囤积，坐等通过市场"炒"作机制而使得土地和房子升值则是一种投资或投机的行为。因为"坐等升值"的商业行为并没有输送给市场任何有价值需求的事物，更多的只是某一个利益方（无论机构或者个人）的资本占有行为。我经常用一种放大效应或者缩小效应的思维方法来帮助对一种不清晰的事物进行理解，这也就如人们需要借助放大镜和显微镜来观察一个具体性物质。如果把中国的每一个城市整体都理解成一个房地产开发项目，那么我们对购买这个城市里的房子的理解，就如同我们去看普通房地产的楼盘一样，我们会考虑它周围的公共配套设施，如超市、学校、医院等，才来衡量它的价格是不是物有所值。然后，我们再将中国整个国家理解成一个最大的房地产开发项目，这个"房地产"的价值一样是要通过其他的"配套设施"体现出来，换句话说如果所有人都只拥有房子本身，而不去创造和建设其他部分的配套设施，那么这些房子的价值一定是虚高，而所有人建立在这样没有任何整体的社会和市场价值创造和产生上的"虚富"方式则会伤害到中国经济整体，而使得中国经济在全球化的角逐中乏力，甚至是不堪一击。因此，国家经济的根基最终必须建立在通过企业进行各种正常经营性的商业操作行为来创造更多有市场需求的价值上，即实体经济上。

说到企业经营，相信不管任何行业及任何规模的企业在目前的经营环境里有两大经营要素是必不可少的，那就是互联网和财务。虽说两者都具有"数据集成"的共性，但是财务里的会计报表（如资产负债表和利润表）上的数据对于企业经营来说具有更具体和紧密的全面性关系。财务数据后面所隐藏的是与企业在经营活动时发生的所有经营行为之间千丝万缕的商业科学关系，管理会计正是解开这些关系的钥匙。用一句形象的话来说，就是"财务数据写出了企业的故事，管理会计帮助企业读懂自己的故事"。

财务数据是一门企业经营的特殊语言，而对其准确解读的正是管理会计。无论来自任何国家任何背景的企业，都可通过财务数据进行交流对话，这种交流方式是建立在通过各种技巧和工具对财务数据的整理和分析能力上的。例如，跨国企业的合并和收购成败与否一定是更多地建立在对财务数据的解读上，而非对人类不同语言的翻译解读上。对于企业经营，财务的声音比任何人类的声音都更具有说服力，正所谓，在商言商。

从管理会计来理解企业经营，企业整体包括三种结构，即经营结构、资本结构和税负结构。也正因为有这些不同结构的存在，企业在讨论利润时会有很多不同的说法，如毛利润（Gross profit）、税前利润（Earning Before Tax, EBT）、净利润（Net profit）、息税前利润（Earning Before Interest and Tax, EBIT）。利息反映的是企业的资本结构，企业在不同行业和不同情况下会有不同的税负结构。企业经营更多的是依赖经营结构，也只有在经营结构健康合理的情况下，企业才有能力获取利润，且进行利息支付行为和对税负承担义务和法律责任。换句话说，如果企业的经营结构不健康不合理，导致无法创造利润，那么利息和税负的支付也就无从谈起。企业的经营结构决定了企业最核心的问题，那就是企业经营的商品和服务能不能被市场接受和成功输送出去，即卖不卖得出去？而息税前利润是最能反映企业经营结构的一个利润指标。因此，为了统一和便于对企业经营、市场经济及管理会计三者整体关系的讨论，本书对企业经营能力、利润和回报的理解都是指息税前利润。如下表所示。

由利润表中的项目解析"息税前利润"

通过利润表中的项目认识息税前利润	
营业收入	
减：营业成本	
减：销售费用	
管理费用 ◄········	········此项目最能反映企业对其经营业务的实际经营能力和水平
息税前利润	
减：财务费用	
税前利润	
减：所得税费用	
净利润	

注：假设财务费用中只有利息费用，无营业外收入、营业外支出。

另外，企业与资本市场的对接，例如，首次公开募股（Initial public offer, IPO）、证券（Security）、股权（Shareholder equity）、债券（Bond）等。所有投资人的回报，如分红（Dividend）、股票或者股权价值（Share value）、利息（Interest）和债券价值（Bond price）都取决于企业的经营能力，息税前利润更是投资人所关注的作为反映企业实际经营能力和水平的一个根本性利润指标。而管理会计是以帮助企业经营能力提升为目的的专业性学科。因此，再次指向此书采用息税前利润来对企业经营和管理会计关系理解的正确和必要性。

经营结构、资本结构和税负结构这三种结构根据其对企业的重要性、企业对其的掌控力及结构与结构之间关系等几大要素考虑，它们对于企业来说，理论上的排序应该以经营结构为先，资本结构次之，税负结构最后。以下是对这样的排序进行的解释和理解。

——经营结构为先。因为经营结构里的各种经营要素（如产品价格、市场调研、广告、培训、折扣等）的构建决定了企业销售和盈利的根本目的的实现概率，并且企业对这些要素有绝对的决定权。

——资本结构次之。股东权益和债务的比例决定企业股东最后的真正收益，虽然企业有能力对其所要承担的债务程度进行决定和影响，但是真正的债务程度还需要受制于债权人的决定（因为债权人有是否给予企业资金和资源的决定权）；经营结构和资本结构是一种全面的配置关系，也就是说企业的每一个经营元素要么是由股东出资或所得，要么是由债权人出资或所得，要么是由股东和债权人共同出资或所得。

——税负结构最后。企业进入的行业基本决定了企业的税负结构，企业对税负结构的控制力十分弱小，只能是税收政策的跟随者，不可能成为制定者，虽说企业可以利用税负结构与经营结构、资本结构的关系达到合法避税的目的（如经营结构中的折旧费用和资本结构中的利息费用都具有降低企业所得税应缴税额的作用），但是合法避税的目的本身就具备法律风险，而且其操作的复杂性和有效性也意味着企业的另外一种成本支出，因此，从税负结构来说企业是十分被动和处于非主导地位的。

企业作为商业环境中的主体，企业与企业之间存在的根本关系是一种竞争关系。每一个财务数据犹如企业在竞争中的"一招一式"。管理会计让企业了解自己和对手的同时，便可通过"见招拆招"在竞争中取得优势和胜出。前面提到，企业经营是一种人为主观和数据客观的结合方式。企业需要通过数据不断地对自己，也对所在环境和竞争者做客观解析和比较，以便进行人为主观认识的正确调整，才能实现科学性的经营。

从专业角度来说，使用财务报表来解释企业的"一招一式"或者实现通过数据进行经营调整的目的，主要是观察财务报表上的会计科目和科目里额度的百分比情况，例如，利润表里的各个会计科目代表的就是企业的各个经营要素，这些经营要素构建起来的就是企业的经营结构，而这些会计科目（也就是经营要素）里额度的百分比显示的是企业在经营上的侧重点。企业需要对这些经营要素和百分比进行不间断的调试，以期待有新的反应和新的经营效果。

最后，财务报表中最常见的有资产负债表、利润表、现金流量表和所有者权益变动表。其中，资产负债表和利润表最能反映企业经营的根本，也是其具体表现。现金流量表更多的是对资产负债表和利润表发生的商业（不仅是经营，也包括投资和资本）行为的现金盘点（资产负债表上的现金科目）。所有者权益变动表则只是注重企业资本（负债和所有者权益）中的所有者权益的成分和变化情况。因此，为了充分集中对企业经营和管理会计整体关系的讨论，资产负债表和利润表作为本书对企业经营进行会计方式表达和解读的主要对象，而作为只能反映企业经营局部关系的现金流量表和所有者权益变动表都不在本书的讨论范围内。除此之外，为了尽量避免管理会计的专业性给非专业人士带来困扰，除了资产负债表和利润表外，其他报表将不在本书的讨论范围内。因此，由资产负债表和利润表两张报表之间形成的对企业经营关系的根本性反映，如图 2-1 所示。

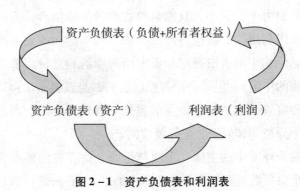

图 2-1　资产负债表和利润表

图 2-1 中表达的便是企业从一开始的资本行为（负债＋所有者权益）到投资行为（资产）再到经营行为（营业收入），再由经营行为（利润）回到资本行为（留存收益）这样不断地经营循环关系。

总之，通过本章的详细论述，本书剩余部分的内容需要注意以下几点。

——以创造市场价值为目的的企业经营性行为如制造业、餐饮业、培训业、非金融性行业等，是本书讨论的主体。以投资和投机为目的的企业经营性行为，如证券或债券投资、固定资产买卖等，则不作为本书对企业经营内容上的理解，因此，也不在本书的讨论范围内。本书将用会计方式对企业的经营性行为，如机器设备采购、生产加工、广告、展会、明星代言、包装、物流等内容进行与管理会计有关的循序渐进式构建，以让读者对管理会计和企业经营的关系在最后得到全新的认识和理解。

—— 资产负债表和利润表将作为本书对企业经营和管理上所进行的会计方式表达和解读的唯一两张财务报表。

—— 息税前利润是本书用来陈述企业经营的唯一利润性指标。

2.2 市场机制有效性的发展和完善

在经济学中，市场被认为是一个机制性的事物，它具备一套运作方式来维护市场经济的科学运转。公平的奖赏和惩罚是能够让市场经济机制的有效性得到最大保护和保证的条件。任何国家和经济体都明白市场机制有效性的重要性和益处，这也是为什么全世界在进行反洗钱活动，美国有《反海外腐败法》（FCPA），中国正如火如荼进行反腐行动，等等。所有人都在尽量让市场经济的机制得到最好发挥，这样才能使得自己的市场更具竞争力，这点在全球化的今天显得尤为重要。

如果无法用直接的方式理解市场机制的存在，我们可以通过几个例子来间接感受它的存在。

例1：企业如果发布虚假广告，将面临法律的惩罚。

例2：企业如果无故提高价格，将导致客户和市场的损失。

例3：企业如果研发过慢，将面临竞争对手对其原有市场份额的占领。

例4：企业如果销售和利润发展滞后或倒退，将面临人才和各种资源的流失。

从这几个简单的例子不难发现，企业并非可以为所欲为，并非可以由自己的主观意识主导市场行为。相反，企业处在一个具有许多挑战其生存能力的条件性环境中。而条件的设立是任何机制性事物存在的根本和客观证明，正如"无规矩不成方圆"的说法。因此，企业经营是在一个有许多看得见和看不见的生存条件构建起来的机理和制度里运行的。

在全球化、互联网和其他宏观环境（如法制进步、生活水平、环保意识等）变化和不断进步的影响下，中国企业需要意识到市场机制的事实存在，及时对经营上的商业操作行为进行与时俱进的不间断更新和升级。在市场经济中，企业操作行为的商业性、合理性、协调性和科学性等特征在市场机制所引导的激烈与公平竞争中显得尤其重要，而对企业操作行为是否具备这些特征的判断和认定，最客观的方法莫过于对财务数据的分析和解读。企业操作行为具备了这些特征，财务数据的比例和对照性，而非财务数据的单独和个体性，自然会释放出相应的信息。

随着信息化时代的到来，市场机制的运行只会越来越有效。例如，一些不良商业操作行为在经过互联网的传播后，执法者马上会介入市场行为，或者竞争者马上会以争夺的目的介入市场行为，或者社会马上会以舆论的方式介入市场行为等。这些来自不同地方的力量都在确保和改善市场机制的有效运转。

后面我们将聚焦中国、市场、金融三个主要点，通过对这三个主要点从不同角度的切入观察其发展和变化情况，以便进一步理解和感受市场机制有效性的发展和完善，同时，也能对管理会计在市场、企业经营、国家层面、金融等方面的作用有一个全方位的初步了解。

2.2.1 聚焦一：中国

2.2.1.1 后中国制造时代

从 1978 年的中国经济改革开放开始，中国先后经历了：加入世界贸易组织（World trade organization，WTO）、设立亚洲基础设施投资银行（Asian Infrastructure Investment Bank，AIIB）和一带一路（The belt and road，B&R）倡议助力人类命运共同体的构建等阶段，这一切的国家历程都见证了中国制造和后中国制造的不同经济时代的区分和划分。在互联网与科技的发展引起高度和深度全球化的背景下，中央政府意识到了与时俱进的改革需要，进而根据政治和经济环境的巨变提出了十分切合实际且符合中国国家需要的"供给侧结构性改革"。

企业在中国制造时代习惯和依赖的生存及发展优势（例如低人工成本、低环境成本、低法律成本）在中国经济历经了"中国速度"的发展后，已经一去不复返。这使得中国企业不得不重新审视中国制造时代和后中国制造时代所面临的商业环境实际和客观条件，进而思考自身是否也应该主动寻求变化，最后再根据实际发现自身应该进行变化的具体方向和内容。而自身该不该在变化上寻求主动，以及如何变化都可以根据管理会计的引进得出科学的答案。

全球化、国际化、跨国化等商业概念虽然时常被进行替换使用，但是它们具有根本性的区别。全球化是一种互联网时代和国际间深度互动下任何企业必须具备的商业竞争的战略意识。而国际化和跨国化对企业更多的是商业发展上的形式和方式。国际化和跨国化中常有的合并、收购和直接投资等都是一些商业上的操作方法。全球化中，全球对企业来说只是一个整体市场和一个商业环境。因此，国际化和跨国化的说法更多的是趋向于方法上的理解，而全球化则趋向于思维上的理解。可以说，在当今的商业环境中，企业可以没有做国际化和跨国化的商业，但必须具有全球化视野和思维意识。信息科技让全球化的商业环境有了实际意义。例如，企业现在对新产品市场发布能做到全球同步，本国产品与外国产品由于代购的存在进行直接竞争（虽然制造产品的企业本身不做跨国业务），电子商务的存在让全球产品在同一个平台竞争等。当然，全球化是十分复杂的商业问题。在这里提出全球化更多的是帮助中国企业了解到，现在及未来的竞争既然都会有意或无意，主动或被动地直接面对其他国家的企业，那么中国企业需要走出中国制造时代追求低成本的财务惯性思维，因为面临的其他国家企业的竞争点应该远不止成本。至于中国企业如何从成本端的惯性走出来，从而转向对产品和服务价值端的理解便是本书写作的主要目的之一。值得一提的是，全球化思维在西方已经十分普及和深入，我们熟知的是许多西方企业都只保留产品研发的经营环节，而把其他经营环节放到其他国家进行，例如，在过去，中国制造就只是西方企业全球化整体经营中的一个生产环节。

由于全球化经营意识和思维的存在，西方企业，不仅是大型企业，中小型企业也能做到游刃有余地将各个经营环节在全球各个国家间进行灵活移动，例如，这个国家制造成本高，就到那个国家制造；那个国家制造成本高，就到另一个国家制造。它们之所以具备对各个经营环节组成的商业链条驾轻就熟的运作能力，更多的是依赖于管理会计而非传统财务会计的深入应用，因为全球化布局从根本性上就是依赖管理会计的收益与成本的模拟计算的。现在中国企业已经进入后中国制造时代。在后中国制造时代，互联网深入发展，科技更新加快使得商品和商业模式更新的周期缩短，国家生活水平提高，法律逐渐完善，市场经济机制建立，商业竞争更加激烈。这些客观环境因素的存在，使得中国企业相对于中国制造时代的商业经营的账面成本的上升是必然的，也就是说，现在的薪资和物价一定是比以前要高或者激烈竞争一定使得推广成本升高。因此，将原有的商业经营环节脱离中国放到其他国家进行已经是中国企业未来发展可能需要面对的普遍性问题，事实上这也是政府鼓励中国企业走出去的原因，但是中国企业必须要懂得通过管理会计培养和掌握走出去的能力，进而在走出去后，使得其商业经营的整体账面成本在全球更具备竞争力。

2.2.1.2 营业税向增值税改革的经济意义

自从在部分行业和地区进行营业税制度向增值税制度方向（营改增）改革试点，直至 2016 年的全国性和全面性的改革和取代，不仅标志着营业税在中国历史舞台的退出，同时，也预示着市场经济角色在中国全面的隆重登场和在未来企业经营里举足轻重的引导地位。当人们还把目光放在营改增对企业税收负担影响、价内税和价外税区别及报税处理等问题的讨论时，我们应该尝试着去发现营改增后面更深层次的意义。税收制度带给人们更多的是其税务意识，下面将从管理会计角度出发讨论税收制度与商业和企业经营意识的关系。

税收体制（制度）不但可以用来支持国家运转，各种基础设施建设和各种民生建设，例如，政府各种职能的开支（工商局、税务局、法院、检察院等）、高速公路、水电厂和学校建设，而且是国家用来调控经济内容和企业行为的一种政策性方法，例如，在中国，在计算企业应纳税所得额时，企业的业务招待费用只能部分抵扣，而企业的研发费用可加计抵扣。暂不论税收制度和税收法律在企业操作中得到的执行和实践情况，但起码可以通过其制度内容的规定发现税收体制具备对企业经营行为的鼓励和抑制作用，就如刚才所说的企业研发行为和企业招待行为，研发行为肯定更有利于企业和国家经济的发展，自然会得到税法制定上的积极倾向。至此，我们可以说此次的营改增正是在中国进行供给侧结构性改革的大背景下为了调控经济和企业经营行为而进行的一项有深远意义的制度性改革。

总体来说，税收体制的建设是一项庞大和复杂的工程，国家会根据社会和经济结构的变化进行不断的调整。例如，个人所得税会依据人口统计因素（Demographic）进行调整。以前中国社会年轻化和结婚比例相对较高，而现在老龄化和单身比例都在增加，决定了个人征税对象和税率的变化与不同。因此对国家的税收体制无法也不应该片面性地被个人和机构进行理解。

中国作为发展中国家，其经济体量与发达国家已经不相上下。虽然如此，依然需要强调一下，中国是社会主义国家，实行公有经济体制。而发达国家几乎清一色的资本主义国家，实行私有经济体制。完全不同的经济体制，其针对企业的税收制度和法律自然会有所不同。政府征入的税收和企业余留的利润归根结底都只是企业营业收入的两个百分比值，这是两个相互性的值，政府的税收高意味着企业余留的利润会相对低，反之，政府的税收低意味着企业余留的利润就会相对高。这一高一低背后隐藏着由谁来扮演社会财富分配和社会责任承担的角色。比如，政府征入的税收高，那么就会通过国家机制（如低保、养老金）来对社会财富进行分配和对社会责任进行承担。同理，企业余留的利润高，就会通过企业机制（如工资、补贴）进行社会财富分配并扮演社会责任承担的角色。理论上，中国作为一个社会主义和公有经济体制国家，且中国经济改革开放初期秉承的理念是"一部分人先富，而后带动另一部分人致富"，中国企业需要承载税收负担应该要比发达国家多一些，也就是中国是通过国家机制来对社会财富进行分配并承担社会责任来运转的。再有，西方的价值观是个人主义（Individualism），而中国的价值观是集体主义（Collectivism），这更对社会财富的分配和社会责任的承担是由国家机制还是企业机制来进行有了文化上的偏向性，那就是在中国应由国家机制进行。那么，理论上讲，企业在中国理应要承担相对高一些的税负也就有了间接和客观条件的支撑。现实中，人们有时会未建立在国家和国情基础上来对各个国家的税收体制和税收法律进行直接比较，虽然有市场和经济方面的借鉴作用，但这最后形成的往往只是一种较为局部和非全面性的争论局面。无论如何，中国政府为了使企业在置身于当今的全球化市场环境能更有竞争力或者相对于其他国家的企业更有接近的市场竞争条件，确确实实地进行了具体性的和制度性的各种变革。比如，具体性的变革，包括政府在2017年提出减少一般性支出5%以上来帮助中国企业减压。制度性的变革则包括，提高应纳所得税额度、税种税费的减少与免除及营业税改增值税。

最后，增值税中"增值"二字的指向是什么？是市场。企业需要对市场进行增值。在营改增后，企业在把经济环境作为一个整体理解下将会出现一个新的现象，那就是"经营环环打通，市场环环增值，税收环环抵扣"。

——经营环环打通：当所有行业被纳入增值税体制范畴后，各行各业就都能通过增值税制度的抵扣功能和原理进入其他企业的经营环节。例如，服务行业里的企业咨询公司在营改增以前属于营业税体制的缴税对象，其缴纳的是营业税而非增值税，那么，其他属于增值税体制的企业就可能由于税制问题（营业税不能抵扣）而不购买企业咨询服务，但是企业咨询因为其各种专业性的知识和经验，对企业经营又具有十分重要的增值和指导作用。全面性的税收体制改革后，企业咨询服务也成为增值税体制里的缴税对象时，其他企业的经营就能更便利地引进这种服务和其他以往没有但是有帮助的新经营行为，这些来自其他专业性或者关键性机构的服务将能够帮助企业更好地完善其经营内容，达到经营效果和效率上的提升和进步，甚至是帮助企业产生和实现超越可能。

——市场环环增值：企业只需要在其扣除经营成本后的市场增值部分上进行缴税，不但能减轻企业不必要的税负，也能更有利地帮助和鼓励企业集中在对市场价值创造上的思考和经营。

——税收环环抵扣：如果企业无法对市场进行增值，那么其商品和服务便无法对市场进行成功销售，自然进项的增值税就无法得到有效抵扣，也就意味着不能对市场进行增值的企业将是税收负担的最后承受者。

2.2.1.3 中国经济转型升级和财务升级

目前，中国政府对经济进行整体性的宏观调控，也就是坚持不懈且不断加强的供给侧结构性改革，"三去一降一补"（去产能、去库存、去杠杆、降成本和补短板）更是供给侧结构性改革中的五大重要任务。我们可以很直观地发现，"三去一降一补"中的"三去"和"一降"所涉及的字面意思都与会计名词紧密联系（如产能、库存、杠杆、成本），而其中的"一补"便是中国宏观环境和经济环境下一直强调的"新理念"，通过新理念的补充来引领中国经济的新常态。在高度全球化竞争的现代商业环境下，中国企业需要及时补上与企业紧密联系，甚至是共同体性质（只要设立机构，就得设立会计）的会计技能。管理会计作为财务会计的升级和更新理念点明了"一补"对中国企业在会计领域的指向性，这充分说明了会计作为一门学科在"三去一降一补"五大任务的重要性、代表性角色。管理会计在中国的发展在较长时间里并未得到系统性的科学建立，特此中国财政部投入大量的人力物力对管理会计进行调研，并于2016年6月出台《管理会计基本指引》来通过会计在各种机构（营利和非营利）里的升级助力中国经济转型升级的顺利实现。

另外，中央政府在对企业进行"大众创业，万众创新""中国智造""工匠精神"等宏观经济的政策性提倡和引导时，依然有相当多的中国企业未能领悟到全球化环境到来和外部环境巨变时转型升级的必要性，同时，也有一些企业在这次中国经济深化改革中无法及时和快速地找到和调整准确的发展方向。俗话说，机会与危机并存，决定是机会还是危机的关键是自己的反应如何。认为这次中国经济深化改革是一次危机的企业大部分都有相类似的缘由，那就是，现在中国的制造成本高、税务高等企业面临的"外部性"问题。这种"外部性"问题事实上折射出了企业在中国制造时代遗留的传统财务观：只侧重企业经营的成本端，而忽视企业经营的市场价值端，而企业的传统财务观则是一种企业的"内部性"问题，财务思维模式的创新升级事实上对中国企业已经是迫在眉睫的一件大事。更直接地陈述，中国企业在全球化竞争中应该及时对在中国制造时代的传统财务会计观升级为现代管理会计观。因为，管理会计的技巧性和战略性有助于将企业的"中国制造"的商业思维模式升级到"中国经营"的商业思维模式，借以帮助企业更全面和客观地理解其各个经营环节和整体经营性质，而不是仅仅局限于企业经营和生产制造二者的关系。特此，我将通过自己在管理会计专业上的知识和工作积累帮助企业厘清"中国制造"中的财务会计和"管理会计"中的中国经营的转变关系，从而帮助企业在懂得紧紧握住财务这条绳索在中国经济转型升级的浪潮中稳步前行，并稳中蜕变。企业需要先紧握基本线索，财务会计和管理会计最根本的区分就在于财务会计是服务于企业外部环境的需求和要求的账本，而不是服务于企业内部资源管理和销售盈利为基本动机和需求的账本。

2.2.1.4　中国财政部呼吁的"主观能动性"

继续上面提及的一个与管理会计十分具体和紧密的事件，并且把它作为这一个小部分的主要关注点。那便是，财政部从 2013 年开始大力推动管理会计的建设，并在 2016 年 6 月颁布了首部《管理会计基本指引》，以帮助中国企业从对管理会计的理论认识阶段进入使用操作阶段。可是，由于中国企业对管理会计认识的普遍不足和管理会计人才的严重不足，中国企业在管理会计的引入和应用方面无法快速展开。而建立在传统性管理会计上面进行管理会计的战略性作用和功能升级的战略管理会计对中国企业则更是一头雾水。这里简略地指出，战略管理会计是一种用管理会计来对企业战略进行数据性支持和客观科学服务的综合性科学。战略管理会计的知识点和面涵盖的可以说已经远远超越了会计单独方面的知识，而在众多的知识点和面中最为重要的知识体系便是战略学。比较客观地说，国内对管理会计的战略性作用和功能的关注和理解相比较而言是比较空白和缺乏的，关于战略管理会计的资料和专业人员也十分稀少。事实上，全球第一张关于管理会计的正式性的战略性证书也是在 2017 年的美国刚刚面市，称为战略和竞争力分析师（Certified in strategy and competitive analysis，CSCA）。我深信，战略性的管理会计能够帮助中国企业在后中国制造时代有效地成功转型，且在全球化竞争中进行具有中国特色的全球性资源和经营布局。当然，中国企业转型的成功也预示着中国经济整体的结构调整的成功，因此战略性管理会计在中国经济转型升级中无论对企业个体还是对国家整体都可以看作一把经济性利器。虽然 2017 年 3 月中国财政部对管理会计的战略层面的相关理论和使用征集各方意见，但目前国内的管理会计在战略层面的真正开始理解和使用可能还需要一个沉淀和升华的过程。

十分重要的是，虽然中国政府正如火如荼地积极建立及完善管理会计的体系建设和对管理会计的深度肯定，但是并不会强制让企业引进和运用管理会计。财政部会计司曾经提过，对管理会计在中国企业和其他单位的推广，将会更多地依赖企业和其他单位自己的"主观能动性"。那么中国企业的主观意识无法从中国制造时代向后中国制造时代所需的新财务观进行转变，这个"主观能动性"便无法存在。这个"主观能动性"也是本书创造和存在的重要意义之一，因此希望将此书通过图文并茂的结合方式和通过不同角度把会计所包含的简单的财务报表和财务数据背后所掩藏的复杂商业机理说顺、说细、说透，以帮助促进和增强中国企业建立起对管理会计的"主观能动性"需求意识，以便中国企业对管理会计的传统性和战略性作用和功能尽快了解和学习引进，尽早实现中国经济转型升级的全新局面。

2.2.1.5 中国政策

目前中国经济深化改革中的许多引领性和战略性的重要政策和纲领都不约而同地含有管理会计学科一直尊崇的精神和推崇的方法。再简明扼要的陈述和说明我个人对这些重要政策和纲领与管理会计的科学联系上的理解，然后其他的章节会散布式地更详细地对我的理解和观点进行补充和辅助说明。

国家的供给侧结构性改革：供给侧结构性改革本身就意味着对资源和生

产力针对市场需求和市场增值的精准再分配和新分配。那么管理会计的技巧性和战略性作用和功能在这个资源的"再"和"新"分配过程中就扮演着至关重要的角色，通过使用管理会计的技巧和工具可以做出对市场需求的合理预测，对资源的合理预算，进而避免资源和市场错位分配或配对而导致的"产能过剩"现象。

经济上的"打铁还需自身硬"：财务功能是企业的心脏，财务数据便是企业的心电图。企业的财务数据可以最客观地发现企业的优势与弱势，企业只有先通过财务数据对自己检测，进行及时的增强补弱，才能更实际地参与市场竞争。自古就有"商场如战场"一说，市场经济的竞争和角逐就如同自由搏击，在自身不足的情况下进行同台竞技只能处于被动，更何况现在中国企业需要面对的竞争者是来自全球各地的"选手"。

三去一降一补：去杠杆、去产能、去库存都是集中在资产负债表里的问题，降成本更是直接涉及资产负债表里的资金成本和生产成本，以及利润表里的运营成本等问题。补短板便是通过对人才和新理念的引进及企业经营理念上的补充来打破企业过去的传统商业思维和商业理念。管理会计在这里扮演的角色就显得十分贴切和吻合，管理会计的技巧性和战略性带来的以市场需求和市场价值为引导的企业经营成本的理解新高度，将能帮助企业避免一些市场根本不需要的成本支出和产能配置，使得企业所使用的资源和资金都能为市场注入需求的价值。科学和客观地说，那就是以管理会计作为新理念对企业进行"一补"，来使用管理会计里的技巧和工具让企业达到"三去"和"一降"的实际效果。

大众创新，万众创业：创新和创业的行为都是对资源和资金的消耗，对资源的运用进行合理规划能大大提高创新和创业的成功概率。特别是创业者，因为无法对财务在商业上进行科学理解和计算，使其过快或过慢地使用资源和资金，从而资源和资金的利用无法与销售效果进行合理的比例分配与协调。最终，导致项目本身是好的，在商业上的运作却是失败的。资产负债表和利润表对于企业来说犹如企业的两条腿，只有通过管理会计的预测、预算、计划和控制等作用和功能才能让这两条腿帮助企业匀速前行，而不至于步伐不一致（或者不协调），导致企业经营上的"摔跌"（失败）。

工匠精神：工匠精神提倡的是企业的精益求精。这种精神不仅仅适用于对企业的工艺要求，也适用于对企业的经营要求。在企业的经营上，需要用管理会计里的各种技巧和工具对其财务数据进行抽丝剥茧的梳理与分析，帮助企业对各个经营环节和流程进行合理安排和及时调整。例如，企业通过建立管理会计和分析财务数据，便能就其是否应该采用融资租赁、购买、自我研发、并购、外包、联盟等各种经营方式方法进行客观认识和科学采用。另外，除了管理会计的各种技巧和工具，企业还可以使用管理会计的战略性帮助其对市场价值链进行市场价值成本压力效应的分析和调整，以使其经营能够将各种成本和市场需求的价值进行成功匹配和市场引导性的不断转换。

通过这些简短的陈述和说明，在目前宏观环境的变化和改革下，管理会计对于中国企业在经营上的实际作用和应用将能起到十分巨大和积极的帮助，同时，这种帮助十分符合后中国制造时代中国企业的生存和全球化竞争的技能需求。

2.2.1.6 中国国情

虽然中国经济从中央计划经济体制向着市场经济体制逐步发展和渐渐成熟，但是中国的市场经济体制依然是具备社会主义（Socialism）性质的，社会主义市场经济体制需要与西方的资本主义（Capitalism）市场经济体制在认识上区分开来。区分的根本特征之一应该是务实性的实业精神。中国经济改革开放四十年来发生了翻天覆地的变化。西方国家给了这种变化一个专业名词，叫作"蛙跳式"经济发展。这种"蛙跳式"的经济发展让西方国家十分困惑：这种发展的"中国速度"从何而来。归根结底这种"中国速度"源自中国独特的国情，而中国独特的国情的根是中华民族的悠久历史和文明智慧，伟大的民族情怀及中国人不甘人后，不怕牺牲，不屈不挠的闯劲和务实精神。目前，中国企业存在着经营上"脱实向虚"的现象，许多实体经济企业离开了自身的主营业务，将更多的资源和资金转向资本市场（如股权投资）。企业追逐利益，将资源注入有需求的其他企业本是无可厚非的市场行为。但是任何国家的任何企业都需要有一种担当精神，也就是企业社会责任（Corporate social responsibility）。中国实体经济企业的社会责任就是，需要通过对其主营业务的深入和创新发展为中国经济在全球化中的经济竞争力和金融发展格局保驾护航。金融行业在中国还比较单一，并处于初步阶段。例如，美国的金融衍生产品已经发展和延伸到能为农业提供天气对收成影响的对冲（Hedging）金融服务。在中国金融和货币的发展和扩张阶段，中国实体经济的发展需要对其起到担保及保险的重要作用，而管理会计对于中国实体经济更是起到无可替代的重要作用。

目前，中国企业面对宏观生存环境的变化出现了短期的疲倦感，致使企业经营出现"脱实向虚"。然而，世界经济发展的历史（如各种经济危机的出现）证明了实体经济才是一个国家经济稳定发展的根基。国家的可持续发展和企业的社会责任都对中国实体经济企业需要回到务实于主营业务的期盼和要求上。

2.2.2 聚焦二：市场

2.2.2.1 全球化

全球化的市场已经是既成事实。虽然在一些国家的政治领域里还有逆全球化的政治舆论，但是在交通（如飞机、轮船等）、科技发展（如互联网等）和各种文化交流（如奥运会、世界杯、国际论坛等）的存在和推动下，市场的全球化发展退却，甚至消除，然后各自又回到闭关锁国的状态显然是不可能。逆全球化的市场逻辑完全违背了经济学的互动和互换基本原则，更被认为是一种文明的倒退。在以飞机、汽车和轮船等现代先进文明交通工具为主要交通工具的今天，相信世界回不到以马车、驴和骡子作为主要交通工具的过去；在以煤、气、电为主要烹煮方式的今天，相信人类不会再适应古老的钻木取火来作为烹煮的主要形式。一种新文明和新形式的出现，对旧文明和旧形式并不是一种纯粹的排他，或者说并不是一种水火不容的存在方式。新与旧的共存性是以一种主和辅的形式存在。例如，现在移动电话的先进和便利使其成为了人类生活和市场的主流，但是有线电话机依然以它应有的作用和功能存在。因此，虽然有逆全球化的声音，但更多的只是一种吸引眼球式的口号和噱头。国家和市场都已经尝过跨国经济、国际化经济所带来的发展实惠，全球化作为一种新的世界经济形式的发展只是一种市场行为的必然。从世界自由贸易区联盟（www.wfftz.org）公布的众多自由贸易区和协议便可知道全球化经济下的国家与国家之间存在的无法割裂的千丝万缕和错综复杂的关系。全球化的到来充满了挑战和机遇，但对于中国经济来说有一点是肯定的，那便是中国制造时代低成本的优势正在这场全球性的经济角逐中渐渐消失。

2.2.2.2 互联网化

互联网使传统行业和企业的准入门槛和准入条件大大降低，导致的竞争更加激烈甚至惨烈。在互联网时代，人们只要有一部移动设备就可以在地球的任何地方和任何时间在企业网页和各大电子商务平台上进行商业交换和商业活动。互联网将企业在传统商业模式上的优势架空，使得商业竞争愈加激烈。例如，进行电子商务的餐饮行业和企业，以往企业的高档装修和服务无法充分发挥出来，而更多的是依赖图片进行客户的初期阶段接触，而图片本身并不能反映企业传统上的竞争优势，反之，图片倒是把所有企业拉回到同一竞争水平。再有，市场信息不对称性也随着互联网的高速发展而消失。市场信息的不对称性的消失所带来的商业影响可以分别从供应方和需求方各自的角度进行观察研究。从供应方来讲，以前企业在信息不对称时引进比竞争者更先进的机器设备，便可生产出比竞争者物美价廉的商品。而如今信息的巨大和超速传播已经让这种传统的通过信息不对称性取胜的竞争模式逐渐失色。因为当一家企业引进任何先进的机器设备，竞争者马上能通过互联网的信息功能获知和引进一样甚至更好的机器设备。从需求方来讲，以前同样的商品在不同的城市，甚至同一个城市不同的商场都可出现不同的销售价格，而现在消费者只需要一部移动设备便可知道全世界各个角落商品的准确信息，这再度让许多行业（特别是传统性行业）中的企业无所适从。准确地说，信息不对称性的消失使得市场的投机和灰色空间渐渐萎缩和消失。现在的行业和企业面对的是一个理性消费者和多种选择竞争引发更有效的市场机制。

互联网是一把双刃剑。互联网下的商业环境，造就了许多商业传奇。但是，许多企业也因为一件客户投诉事件或其他不利事件，在互联网的快速信息传播作用下而造成巨大损失，甚至一夜间轰然倒下，这已经是屡见不鲜的商业环境互联网化下的正常现象。

2.2.2.3 超速化

"快"已经无法用于形容今日商业环境的发展速度。以前的发展速度我们一直用代数、几何速度来形容。但随着互联网、电子社交工具（如微信）、电子社交平台（如 Facebook）、"云"（Cloud）和 5G 时代的即将到来，一切市场和行业的发展和更迭以一种超级速度变得难以理解和跟随。如果代数和几何速度还是一种可以被理解的发展速度的话，那么由互联网技术引起的这种发展速度应该是前所未有的。"云"的出现让数据与数据之间可以进行对话，进而使得人工智能得到极大的提升和完善。电子社交工具和电子社交平台的出现将所有人的大脑联系起来，组成一个人类的终极大脑。人们在这些电子社交工具和电子社交平台上无时无刻不在交流和进行着"头脑风暴（Brainstorming)"。这样的现象大大缩短了对产品和行业的由研发到衰退的周期。甚至有的行业被革命性地改变（甚至取代），例如，网上叫车行业冲击传统的出租车行业、网上支付冲击传统的银行业务、网上娱乐冲击传统的娱乐行业，等等。

全球化、互联网化、超速化一直在加速市场机制有效性的发展和完善，反之，企业置身于全球化、互联网化、超速化的商业环境中，对企业提出了必须要将有限的资源和资金更有效地对市场进行精准投放和使用的要求，这就需要企业精打细算，并且，以市场机制的有效性在这种加速度和持续提速的趋势下，企业的精打细算能力很快也无法独立支撑其面对的竞争的不断升级。这便是企业为何需要尽快引进管理会计中的技巧性和战略性作用与功能。技巧性管理会计帮助企业实现传统的"省的就是赚的"商业理解，战略性管理会计则升级企业的商业理解，即"赚的就是省的"，企业对成本的节省是建立在其销售行为的成功概率基础上的。

2.2.3　聚焦三：金融与管理会计

2.2.3.1　金融与管理会计的宏观关系

在中国进行宏观经济调整的大背景下，中央政府正在用前所未有的力度盘活更多的资源和资金帮助企业进行创新升级。政府的决心折射出来的是对中国经济和中国企业将面对市场经济体制下的全球化竞争的压力一种有远见性和预见性的智慧，毕竟竞争是一种不进则退的自然法则。面对这种自然法则的唯一选择就是主动出击。虽然并不是所有中国企业都能在这次经济深度改革中生存下来，并获得自身需要的利益，但这次重大经济改革对整个国家可以说是一件功在当代，利在千秋的历史性大事。商潮的"大浪淘沙"，每时每刻都会有新的企业进入市场，也会有企业退出市场，唯一不同的是谁是退出的，谁是进来的，谁是留下的。铁打的营盘，流水的兵，市场还是市场，只是市场里的玩家不同了。而国家的战略高度是这个"铁打的营盘"，因为只有国家整体经济这个"铁打的营盘"做大做强了，才会有更多的"兵"进来，进来的"兵"也才更有保证和保障。

"授人以鱼"和"授人以渔"一直是我很喜爱的经营哲学，使我对古人的智慧无比尊崇。无论是对生活之道，还是商业之道，这么简单的八个字概括得如此精辟和精准。本书前文虽然已经用过这个成语来对企业资产负债表和利润表的形容解释，但是在这里把它上升到对国家层面的理解。在供给侧结构性改革下的中国经济，无论是政府，还是市场都已经对会"渔"者和要"鱼"者有一个本质性的区分对待，会"渔"者正在慢慢占据要"鱼"者的生存资源和生存空间。在市场经济机制下，没有任何企业是绝对不可被淘汰的，那些只会占用资源和资金，却无法科学有效地对其管理和使用的企业将无法受益，例如，僵尸企业。国家掌握企业发展的一切资源，而政府会通过宏观调控政策将资源和资金逐步转向有市场竞争力和创新力的行业和企业，以保证中国经济整体能在全球化的竞争中保持强劲竞争力。由此可见，企业的利润表，而非资产负债表，对于国家来说应会受到更多关注和重视。同理，对于市场，人们可以通过电子传媒、新闻报道和杂志感受到有关"富豪榜"的富豪成分或来自的行业正在发生明显变化，这里同样可以用企业的资产负债表和利润表来说明这种变化的诱因。在过去和现在的"富豪榜"里，富豪的成分和资产成分从以前依靠资产负债表上的资产（如房产或土地）升值的行业（企业），到今日依靠建立在科技创新基础上而在利润表上有不断突破的行业（企业）逐渐转变和取代。房地产行业的变革可以进一步借以说明资产负债表和利润表的微妙关系。现在许多大型的房地产开发商的商业意义已经不是人们所熟悉的传统性房地产企业那种意义。先不论这些房地产开发商（集团）的多样化发展战略，我们只观察其房地产业务的经营。在这些开发商（集团）的房地产业务中，可以很直观的发现他们正在通过去掉和提炼资产负债表的资产，进而通过在房地产行业积累的技术和经验运用于对房地产业务的利润创造能力，从而将原本的重资产型企业向轻资产型的服务行业转型升级。对于服务型行业，"轻资产负债表，重利润表"是其本质上与生产型行业最根本的一种区分特性。同时，"轻资产负债表，重利润表"也将是任何企业在未来想要通过首次公开募股、股权融资、债券融资等模式与外部资金打通所需要的一种根本性思维模式，因为外部资金角逐的根本点在于企业利润的产生，而不是企业资产的庞大。就现在和未来的金融发展来看，金融的活跃度不断地在市场和政府政策的鼓励下加大加快，那么金融背后隐喻的是资金，当资金对任何行业和企业的供应成为市场的一种普通资源时，这些资金再来追逐其他企业资产负债表所代表的企业资源就显得毫无市场逻辑可言，因为商业的终极道理是"用钱生钱"，而能生钱的只能是利润表。因此，现在及未来，企业的利润表表现必将是企业在商品市场和金融市场的决胜点。我们把注意力再次转回到企业和国家通过使用资产负债表和利润表进行的关系和联系理解。每个国家中央银行（中国的中国人民银行）经常提到的"扩表"和"缩表"指的是资产负债表，就经济角度一般来说，经济繁荣时进行"扩表"，经济萧条时进行"缩表"。那么国家金融的发展间接意味着"扩表"的需要，而企业在国家"扩表"时所需要扮演的角色就是通过各自的利润表的积极表现实现引擎作用的支撑。

企业需要对国家、市场、企业之间的发展关系有一个清晰的理解。国家和市场面前无"富豪"企业，企业一旦做大很容易出现"迷离"现象。这种"迷离"现象经常出现在对资产负债表上的数字的盲目自信，认为自己的家底厚，很多事情可以跟着自己的想法"硬来"。国家和市场考虑的是大局，而不是单独某一家企业的生存问题。把国家（市场）比喻成一个大家庭，企业就像是大家庭里的子子孙孙，这个孩子做不了的事情，就让另一个孩子来做。因此，虽然中国政府在供给侧结构性改革大背景下，决心已表明，文章也已做足，但是企业必须要回答一个问题。政府一直在盘活政策和资金，以及减少或免予各种企业经营成本（如税负），企业应该要怎么来使用这些资源和资金？企业用不好或不懂得用，给了也无济于事，这些资源和资金一定会通过政策和市场行为被转移到其他懂得使用的企业手中。

2.2.3.2 管理会计的可持续发展作用

可持续发展这个概念很好地诠释了金融和管理会计的宏观关系。可持续性发展的解释之一就是要求当代的发展不能透支后代需要进行发展的客观条件。经济由金融经济和实体经济构成。简单地进行一般归类，金融行业代表了金融经济，生产和服务行业则代表了实体经济。金融经济和实体经济二者需要稳步协调发展，才能确保整个经济体的健康发展。例如，实体经济发展快于金融经济则可能缺少拉动力，导致实体经济缺乏资金的注入而制约其发展规模。反之，金融经济发展快于实体经济，则很容易产生经济泡沫。货币的购买力（Purchasing power of currency）一直是对整个经济体泡沫很重要的一个衡量标准。货币的购买力的高与低决定于货币的供应和需求数量关系。而货币的这种供应和需求数量关系决定于一个经济体的实体经济的创造和创新能力。简而言之，一个金融经济发展很快但实体经济缺乏创造和创新能力的经济体，货币的供应往往会高于货币的需求，这样就导致了货币的购买力在未来的下降。货币的购买力在未来的下降就意味着当代发展伤害或透支了后代发展的货币所应具有的价值。因此，通过这样一个视角，为了可持续发展的需要和目的，金融经济的发展有了实体经济创造和创新能力的支撑才可能确保整个经济体的健康和良好发展。

2.2.3.3 国家货币金融与管理会计的隐性关系

金本位制和布雷顿森林体系破灭后，现今绝大多数国家都有完全或者部分使用债务货币政策的实际情况下，通货膨胀一直成为各个国家非常紧张的问题。因为没有了"锚"，国家的印钞机可以随时启动。通货膨胀问题也随着货币供应的增多而显得十分突出。而这一问题更随着在全球化下，各个国家相互争抢各自国家货币在国际中的地位，而更加的严峻。例如，国际货币基金组织（IMF）的特别提款权（SDR）中的人民币、美元、欧元、日元和英镑。因此细细一想，在全球化的环境下，无论各个国家政府再如何调控经济与政策，通过减少货币的供应来思考通货膨胀问题显然在国家战略大局上是行不通的，因为每个国家都希望自己国家的货币在国际上越受欢迎越好。众所周知，通货膨胀的基本定义在于货币的贬值。而货币贬值的基本原因在于相对供应得过多。事实上，货币的价值在以前的金本位制和布雷顿森林体系时期是一种绝对值，因为有黄金作为换算单位。而债务货币政策下，货币的价值更多的是一种相对值。这种相对值取决于市场上的货币供应和需求，而不是通过一种类似黄金的换算单位的支撑和衡量。刚刚提过，全球竞争中由货币供应端来解决货币贬值的思路从国家战略大局上终归是不实际的，因为在全球化的环境下任何国家都想自己货币在国际上的地位越受认可越好，因此，从长远来考虑，只会希望对全球供应越多自己国家的货币越好。中国A股纳入MSCI新兴市场指数，获得特别提款权，在全球建立人民币结汇中心，开通沪港通、深港通和债券通等一系列关于人民币金融的国际大事件都能充分反映人民币在全球货币地位的进一步竞争和扩张现实。人民币在数量上的逐步增加是不可逆转的趋势。因此，要解决人民币贬值和保值的问题只有从货币需求入手。

科学家们长年执著于对宇宙大爆炸的第一瞬间到底发生了什么的探寻，政治家们时常重温和不忘当年成立的政党所秉持执政的理想和信念。这种对事物初始阶段的思考我把它称为"原点"思维，而这种思维的本质就是追根溯源。追根溯源之所以重要，是因为可以通过这个方法来帮助事物进行必要调整并确保其健康和正确的发展方式方法。人类社会的公平性不仅体现在一样的二十四小时一天，一样的会生老病死，还有，就是一样的"昨天永远回不去，明天永远不知道"。当然未来的科技水平是否能打破这种公平性，起码目前还是个很大的未知数，因此，人类的生存条件对所有人都是一样公平的。既然公平性是成立的，人们能做的只能是对其进行量变处理，而无法进行质变处理。换句话说，人们只能提高自己的身体健康水平来延缓生命尽头可能性的到来，却无法避免生命尽头终究会到来的公平现实。同样，面对"昨天永远回不去，明天永远不知道"的公平性，人们能做的只是尽可能降低对"昨天"已发生的遗憾率，提升对"明天"预期的成功率。那么，既然是一种概率性的事物，"原点"思维中的追根溯源就非常的重要。因为我们只有通过不断地追溯过去，才能清晰地记住要去往的未来方向，才会避免在过去和未来衔接点中可能会出现的"行之差错，误入歧途"或者"事倍功半，无功而返"的误差和错误。"原点"思维，同样可以借用于对经济的研究，进而帮助理解和解决一些经济难题。

经济的原点是一种需求的存在，有了需求才有再来讨论需求数量的意义和必要。货币的出现是代替了物物（Barter）交换的形式，但不管是物物交换，还是以货币作为媒介进行交换，它们的根本是人类在经济活动中的各种交易行为。没有交易行为的需求，货币就无任何存在必要或价值可言。而交易行为发生的原点是人们对某种物品、商品或者服务的需要。因此，就可以做这样推演性的总结，"有被需要的产品和服务的产生，才会有交易行为的产生，最后才会有货币的产生和价值"，这就是国家经济个体和全球经济全体最为基础的原点。

为了支撑人民币的全球性扩张和价值的稳定，交易行为的发展就要以中国商品和服务为主，也就是中国商品和服务要比其他国家的商品和服务更具竞争力，这才是金融经济和实体经济为共建国家经济体协调发展的最基本的本质。货币供应是一种释放效应，通过交易行为而产生的货币需求就是一种吸收效应，释放和吸收效应的协调性就是人民币的价值和发展的稳健根基。交易行为通过"量"性和"质"性产生货币需求，"量"性体现在整体交易所需要的总货币数量，"质"性则体现在单笔交易上需要的货币数量。同时，"质"性推动"量"性的货币需求发展，且"质"性的货币需求与商品和服务的市场价值的高低直接挂钩。商品和服务的质量越高，那么价格就会相对越高，这样需要进行支付的货币自然也会相对多。在中国制造时代，中国制造的商品和服务一直以廉价为主，但是由于当时国内供应的匮乏和基本需求的旺盛，以及各种宏观条件的现实，决定了廉价的中国制造的整体可行性发展。但是，根据对"量"性和"质"性产生的货币需求的理解，廉价的中国制造最终会制约中国经济的发展，以及人民币作为一种货币的国际金融发展空间。由中国制造时代步入后中国制造时代，全球化的格局和科技的高速发展，商业竞争条件的复杂性注定中国经济的发展只能依赖于创新驱动，而非过去一直依赖于低成本驱动。创新是对国家的国际货币金融和政策发展最好的支持和保证。创新即创造新的市场需求和对旧的市场需求进行升级更新。只有在中国企业能通过商品和服务创新实现对市场价值需求的挖掘和升级，才能决胜于全球化的竞争，也才能使得国家的金融经济和实体经济实现双赢的大好局面。例如，实体经济的产品和服务创新可以给金融经济带来以下基本优势：

　　—— 全球对人民币的需求

　　—— 股市的稳定发展

　　——国际贸易顺差与创收外汇

　　——国家债券和企业债券的市场化与市场流通性

　　——金融产品的多样化和多样性设计空间

"金融体系构建、金融风险防御构建和战略性管理会计"三大要素可以成为支撑国家经济改革升级目的实现所需的"铁三角"，因为它们形成的经济关系为"释放—防御—吸收"。对"铁三角"的理解，和2017年7月国务院金融稳定发展委员会成立之初提出的金融工作重要原则（优化结构和市场导向、强化监管、回归本源）有很强的呼应性。在全球化竞争的今天，不仅是企业，国家与国家之间也是一种竞争和合作的关系。正如上面所述，任何国家在战略层面对其国家的货币金融的发展都会是一种增量发展现象。那么，只能通过市场需求对其增量的货币进行有效吸收。而唯一能进行有效吸收的只有通过实体经济所供给市场的商品和服务的"增值"能力。这才能有机会真正构成金（融）实（体）结合的经济完美体。而战略性管理会计是对这种"增值"的有效处理方法（可以说在发达经济体里，它屡试不爽和不断提升），因为通过战略性管理会计来将企业的经营与有需求的市场价值进行不断地有效调整和有效升级，使得企业达到创新的目的。例如，有效吸收和"增值"的经济思路可以从澳大利亚的国家经济发展战略（澳大利亚称其为"澳大利亚精造")得到一个很好的折射。既然是制造精品（"增值"产品），很显然在价格上自然会高昂，那么就需要对高昂价格进行货币量较多的支付行为（这便产生吸收效应）。以下借用并改良经济学中常用的市场供应和需求平衡关系，来辅助说明这里的货币释放与吸收效应。在图2－2中，如果企业用的是中国制造（低成本）的思路来考虑商品的制造和服务供应，那么通过商品和服务的价格和数量来决定对货币需求的关系只会在国家战略线1和市场价值线1的两条线上游动，而两条线本身不会变动，这就不会产生吸收效应。企业唯有通过对其产品和服务进行"增值"才可能让国家战略线1和市场价值线1的旧平衡关系达到突破的目的，两条线分别进行向右和向上的移动而变为国家战略线2和市场价值线2的新平衡关系。国家战略线2和市场价值线2通过更有需求和更有价值的产品和服务来提高价格，使原来同样数量的产品和服务需要更多的货币来支付，进而产生吸收效应。那么，中国企业就需要创造新的市场价值需求或者升级的旧市场价值需求，这也是中国企业需要创新精神和创新实践的真正意义所在。

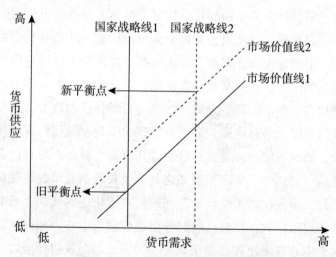

图2－2　金融经济和实体经济平衡图

3 企业经营管理与管理会计

3.1 企业经营的 1/4 和 3/4 问题

　　企业经营和管理并非高深莫测的事物，任何人都可以进行企业的经营和管理工作。但是企业管理具有其客观性和科学性，这也是为什么会有市场学、营销学、人力资源学等的存在，企业管理无法简单地依赖于任何一个理论或学说，也无法依赖于某个人或某个企业的成功学，更无法揠苗助长。企业经营和管理最终还是只能依靠一些最本质和最务实的事务，那就是，时间上的不断积累、经营经验上的不断提炼，而财务数据上的务实分析则是重中之重的任务。企业只有根据自己财务数据上显示的问题，才能有科学根据地指导经营和管理。但是，现在许多经营者迷信式和先入为主地进行跟风性经营和管理，若某某畅销书籍或某某成功者的经营之谈，马上就直接引入自己企业中，然后再把自己企业的每一点每一滴都进行模仿式的改变。这很显然是本末倒置的理解思维。书籍或别人的经营管理学那是在他们特定的环境中总结出来的经验，而能不能用，最重要是要看其所谈所说是否与自己企业所处的环境实际相符，而这个"实际"联系之处就要看数据显示的客观和科学条件与要求。因此，企业在思考经营管理和任何人所论述的知识经验时，应该形成一种这样的思维模式：以自己的财务报表数据为中心，知识经验围绕这个中心，当这个中心显示出需要采用某一个知识经验时就进行吸收。这样，企业的中心点会不断地得到加强，而所有知识经验也能被客观和实际地运用。那么企业财务报表这个中心点，即指企业的资产负债表和利润表。当企业的资产负债表和利润表被理解成为企业的一个中心点时，我们把这两张表形容成一个数值为"1"的方式来进一步帮助人们对企业经营管理有一个数字化的初步认识。如图 3 – 1 所示。

　　如图 3 – 1 所示，企业的资产负债表和利润表代表企业一个整体时，负债

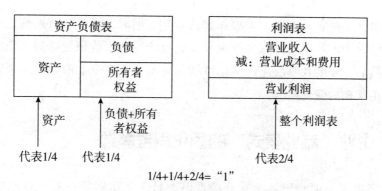

$$1/4+1/4+2/4="1"$$

图 3 – 1　企业经营的 1/4 和 3/4 问题

和所有者权益也只是占了企业的 1/4 问题。而企业还要解决企业资产和利润表代表的企业的 3/4 问题。因此，这里有必要再重新提及前面已经提过的一个企业需要思考的问题，企业得到了资金也只是解决了企业的 1/4 问题，企业剩下的 3/4 问题该如何解决？那么，企业这 3/4 问题也就是由管理会计对企业内部财务数据的解读，并根据解读进行外部知识经验的引进，以补充企业整体经验管理体系的综合性方法和思维。

3.2　企业经营元素与企业经营周期

　　周期，是对生命力进行衡量的一个概念。商业社会中，周期性一直都被视为很科学的理解方式，市场是一种动态的环境和事物，它不存在绝对性的东西。产品有周期，品牌有周期，企业有周期，行业有周期。创新的根本就是延长这些事物的生命力，生命力的延长在于事物本身进行自我元素的调整以促使结构性变化的可能。经过科学调研，现在的商业环境中，产品、企业和行业的周期不断在缩短。技术或产品可能今天是新的，明天就会出现断层性的新技术。现实的商业中存在着"断层性"恐慌，许多企业很害怕今天引进了一台先进的机器设备，会不会明天就被更新的设备淘汰了。而这时，企业的战略意识需要比以往任何时候都更加强烈和紧迫。战略本身是一种主观性事物，企业的领导者们都有自己的战略思维。但是商业中的战略的科学性和正确性需要财务数据的客观性来补充和体现。财务数据体现的战略性不能只被企业理解为数字或数学那么简单，企业应该充分理解财务报表里的每一个科目和每一个数据的含义，这样才能充分掌握和理解其经营上的市场价值架构，企业的经营元素包含了市场价值架构，同时，市场价值架构也代表了企业的经营主体。市场价值架构是帮助企业进行市场价值输送的，企业对其进行了解后，才能及时反应，根据市场变化调整变换企业的经营元素来支撑市场价值架构的变化所需。

3.3 企业"商业模式"的固化思维弊端

许多中国企业对于企业管理的理解，目前依然停留在对企业组织架构的完善、企业工作流程的明细、企业员工责任的分配等的目的性和结构性完善上。但是这些目的都是从企业需求的角度出发的。对于市场来说，企业需求的这些目的不等于市场需求的目的。既然市场不需要，市场就不会对企业出现的不必要管理成本进行承担。所以企业一旦把不必要的管理成本强加于价格中来让市场为其承担，在市场机制有效性运行下，企业的商品和服务的吸引力就会比其他竞争对手低，也就会慢慢被市场抛弃。比如，企业自己是管理得井井有条了，但是井井有条的管理往往在不经意中带来了官僚和臃肿管理体系的负面效果，这也是为什么现在很多企业一直向扁平化管理的方式改变。扁平化管理的最终目的，并不是仅仅为了方便管理和节省成本，而是让市场需求的信息跑进企业"大脑"（董事局或决策层）的速度更快，让企业对市场的反应更加灵敏和及时。因为，一切为了市场。

企业经常喜欢谈论商业模式。事实上，企业需要警惕的一点是，一旦企业有了商业模式，就马上有了固定性的企业经营元素，如果企业商业模式所包含的固定性经营元素比例过重，则很容易引起经营上相对于市场变化的固化和僵化。这个固化和僵化可以用一个很常见的商业现象作比喻，企业经常会陷入一种"麻雀虽小也要五脏俱全"的商业模式经营思维，一定要什么部门和功能都具备才感觉到完整性。这是为了做企业而做企业，而不是为了市场而做企业。这种方式很容易把企业的有限资源分散化，产生非市场化的消耗，最后使得企业出现经营上的被动效果。更为简单地说，一家从追求企业体制完善出发的企业和一家从追求服务市场需求出发的企业，对管理的内容理解和观察角度截然不同，对企业经营成本的理解也会有很大的差异。当企业只是单纯地追求企业管理而进行管理企业的时候，会产生很多非市场性的经营成本，最后再将这些成本通过商品和服务价格转嫁给市场。这样的成本和市场理解方式，会在当今商品和服务的性价比（Price‑performance）被信息透明化推动的作用下，使得企业的竞争意识和实际竞争力处于被动和削弱的地位，甚至最后会处于被市场抛弃而面临出局的风险。总之，企业必须要清晰地意识到，企业的任何管理都意味着成本，企业的成本都需要在充分考虑市场需求，而非企业需求的前提下进行，而市场需求归根结底就是企业对市场需求的价值所进行的经营和创造。

　　管理是一种很广、很泛的理念。任何人对任何事都有自己的管理想法和思路。但是由于企业资源的有限性和竞争的紧迫性，如果企业管理没有针对性就是对资源的一种浪费，有时依托个人的主观意识的企业管理甚至会使得企业陷入一种管理混乱。管理的本质是一种理性而非感性的行为。因此，数据的客观性是对企业管理最科学和最有效的引导。对企业来说，没有数据，就没有管理。企业管理的根本目的是降低成本和提高效率和效益，因此企业管理的有效性最后都会体现在财务数据上面，反过来财务数据也能告诉企业哪里需要得到管理。管理会计的预测、预算、计划和控制的功能和工具就是帮助企业将有限的资源得到科学的使用和管理。

3.4　企业管理与管理会计

　　管理，在不同时代背景下对企业来说必然有意义上和内容上的不同。中国制造时代和后中国制造时代宏观环境的不同，给中国企业带来的挑战和机遇也不同。在后中国制造时代，中国企业需要通过对在中国制造时代所理解和积累的管理经验和实践过的管理知识进行一次新的洗礼，这样的洗礼就需要删、减、增的过程。"增"的部分便包含通过在以往将财务数据的记账和报税处理向财务数据的管理解读和分析处理的能力提升，进而产生新的企业经营意识形态和科学性创新方法。

　　管理会计和企业管理各自有一个理念让它们得以进行无缝连接的理解和联系。管理会计中有一个理念叫作"现金为王"（Cash is king），企业管理有一个理念叫作"客户为王"（Customer is king）。那么这两个"王"充分说明了企业的经营根本（服务客户）和经营目的（获取收益）。再有，企业经营中对两个"王"的关注需要一种协调性及平衡性，不能顾此失彼，否则就得不偿失。例如，企业可能为了增加现金，而减少研发或其他投入，最后导致客户需求得不到合理满足。再比如，企业对客户所有需求都不计成本地服务，造成企业"成本与收益"（Cost & benefit）商业考量的失衡，使得企业失去了商业经营的基本逻辑和意义，而导致现金在成本大于收益的情况下不断流失。企业的经营目的是盈利，而盈利的两个基本方向是增加收入和降低成本。在企业对目标市场和客户作出充分分析后，企业通过管理会计对营业收入合理的预测来对企业资源进行科学的预算和控制。最后再在预测、预算和控制的基础上进行不断的调整，这样才能出现"现金和客户"共赢的局面。这也是管理会计和企业管理二者最根本的火花碰撞点。

管理会计里存在一种理论思考和方法，即风险管理（Risk management），对于中国企业在后中国制造时代里未来的经营管理，具有帮助企业经营意识上的补充和升级的作用。随着法律、科技和市场机制的逐步完善和不断发展，企业面临的经营风险将比以往任何时候都更加严峻。过去，企业面临的经营风险可能有火灾、盗窃、自然灾害、产品质量问题等传统性风险，而如今，企业面临的经营风险可能还包括客户安全、黑客行为、联保、连带、市场意识缺失等战略性风险。今时今日，企业因为某件经营上的负面性新闻和事件，而使得企业在隔夜间面临灾难性（甚至存亡性）的冲击都已是十分常见的市场现象，尤其是在互联网信息传播速度的影响下，这种冲击力已经远远超出了企业的评估和理解范围，直至最后产生被动的局面。这种现象警示企业，风险管理意识和方法在未来需要得到企业的深度思考和及时重视，更是需要纳入企业的经营管理意识常态里。在企业的日常经营活动中，首席执行官（Chief Executive Officer，CEO）、首席财务官（Chief Financial Officer，CFO）和首席运营官（Chief Operating Officer，COO）等，都是经常看到的企业管理工作岗位，而首席风控官（Chief Risk Officer，CRO）这个职位在中国企业（包括大型企业）里则比较少见。反观管理会计，风险管理是管理会计学科里很重要和常见的体系构建之一。管理会计中的风险控制功能和工具，将会通过对企业面对的经营、财务、战略等风险进行属性和等级性的系统甄别，并且能通过对风控成本和风控收益进行合理计算（或估算），而形成科学有效的风险管理机制。中国企业在未来的经营管理应该通过管理会计的引进而帮助企业进行风险的数据化理解，这样的风险数据化形式可以帮助企业理解经营上的成功和失败，最终形成更为全面和完善的企业经营管理观。

最后，在后中国制造时代，服务行业将会是中国经济发展的一个重要方向和领域。国际上，通常把一个国家服务行业占经济总量的比例视为一个国家发展和发达程度的衡量指标。那么在未来，可以预见到有一些原来从事生产活动的企业将会逐步向去生产和重服务的经营活动转变。那么这些企业在实现从生产型行业向服务型行业转型的过程中，将把原来的生产活动中所积累的企业经营管理知识和实践运用到服务行业上来。生产性的管理知识和服务性的管理知识在企业经营管理上有很强的相通性，但是这种相通性只有得到数据的支撑才能产生有效应用（Effectively apply）。这里将前面提到的风险管理与有效应用联合起来对"相通性"进行一个举例说明。例如，生产行业一直强调的质量控制（Quality Control，QC），便是可以通过风险管理意识有效应用到服务行业里的一种企业经营管理知识。在实际中，很少见到服务型企业专门设置针对服务质量和流程的质量控制部门。服务行业在经营上更多的是趋向一种非具体化和无形化的经营操作，其许多经营成本都无法进行"库存"式储藏。生产行业更多的是一种物质化和有形化的经营操作，其许多经营成本可以被具体产品成本有效吸收，进行周期性储藏。两种经营模式之间的管理科学上的糅合及转换对于企业来说会是一项比较抽象和复杂的工程。

数据固有的客观和显性特点的优势，一定会是企业管理知识和实践在两种经营模式之间融会贯通的最好桥梁。再具体一点讲，中国制造时代的"生产"将很大可能不会是中国企业未来的主要经营模式，它在中国未来的经济体中将很大程度上让位于"服务"的企业经营模式。这种让位无论是企业整体从生产行业向服务行业转变，还是依然留在生产行业，只要企业脱去生产性活动的外衣，更重视服务性活动（如研发、设计）的发生，它们的未来经营都需要认真考虑一些问题，例如，如何利用更多的无形化经营操作进行管理上的具体化和有形化，如何进行服务的产品化（Productization）理解和设计，如何继"造"开"创"的管理等新问题。而这些问题都有机会通过管理会计对数据科学逻辑的组织和解析能力得到很好地解决。

3.5　企业经营管理的意识性问题

3.5.1　企业资源计划系统（ERP）的先进性和适应性区分

中国有着悠久的历史和文明背景，中国企业对于经营管理思维和理念有自己的传统和理解。这种源于宏观性文化的不同使得一些源于其他国家的经营和管理理念很难融入中国企业的经营文化里。在全球化的商业环境中，ERP（Enterprise Resource Planning）系统，中文为企业资源计划系统，应该是全世界普及性最高的企业管理体系。在中国，有些企业听闻 ERP 系统的远程性、信息科技性、自动性和细化性等管理上的优势特性，纷纷斥巨资上马 ERP 系统，花费从上十万直至上百万、上千万元不等。但事实证明绝大多数中国企业引进的 ERP 系统到最后都处于荒废状态。

ERP 系统源于西方国家和企业，前面的章节里已经提到，西方与中国的文化和价值观不同，西方是个人主义精神，而中国讲究的是集体主义精神。这种文化上的差异本身就为 ERP 系统被中国企业进行简单和直接引进应用上的受挫埋下了水土不服的伏笔。对于任何事物的客观思考不能离开对人的根本思考，因为人类活动才是商业活动的最终根本。离开了人类活动，商业活动的意义就丧失了。因此，若要运用 ERP 系统的中国企业需要先明白一个基本逻辑。那就是引进 ERP 系统，在中国企业工作的员工可能需要对 ERP 系统操作的精神内容具有西方企业一样的理解，同时，要确定中国企业的员工能改变以往的工作习惯和惯性来适应 ERP 系统的操作要求。否则，很难将 ERP 系统和中国企业的经营环境进一步融合在一起。相反，企业往往会本末倒置，那就是寄希望于 ERP 系统的先进性来解决企业管理上的问题，而不是先解决管理上的一些问题，再来引进 ERP 系统。ERP 系统是一种用来进行管理升级的工具。其最大的优势就是数据的统一性，这一点更是要求企业只有先确定自身的管理规范性，再来对 ERP 系统进行引进，否则在企业自身管理还无法得到规范的时候引进反而会使得 ERP 系统统一的数据最后出现错误，然后企业再在这样一套错误的数据上做决策和决定，会给企业带来致命的后果。

事实上，ERP 系统只是一种把管理思维进行软件化的事物而已，软件设计的背后依然还是以人的行为和思维为主导。西方企业在引进 ERP 系统时，管理型的财务人员是参与 ERP 系统制作和设计的重要人员，而在中国，企业有时会误认是由软件编程人员来主导 ERP 系统的开发和设计。软件编程人员就如同掌握一门电脑语言的专业人士，扮演的角色只是将人们的需求翻译成软件语言。而针对企业管理的具体人员应该是类似管理会计师这样的专业人士，由管理会计师设计企业的管理科学思路和流程，再由软件编程人员将这些科学思路和流程翻译和转换为软件形式。ERP 系统是通过统一数据产生来提升企业管理的有效性和效率性的。那么在这些数据中最重要的数据莫过于企业的财务数据，因此企业需要应用管理会计中的梳理技巧和工具将财务数据贯穿在企业的整体业务中，进而通过财务数据这条线索牵引整个 ERP 系统的运作。同时，引进 ERP 系统需要企业具有战略和改革意识坚持下去，而不是简单的管理需求。在时间上，ERP 的成功可能需要 5～10 年的引导和坚持。在实际应用时，企业需要通过对众多项目的开展来对这个系统工程的成功运用进行配合和支撑。因此，在没有管理型财务人员、战略意识、持久坚持、各种项目充分准备的客观条件存在的情况下，不需要浪费企业的资源和资金去探索 ERP 系统。ERP 系统是一把双刃剑，它的成功能为企业带来很大益处，但是它的失败不仅会给企业带来资源和资金上的浪费，甚至当企业在日常运作中依赖于一套失败的 ERP 系统产生的数据进行管理时，会造成灾难性的后果。

3.5.2 "结果导向"企业管理的传统理解误区

大多数企业家或者企业高管都热衷于接触一些企业管理的课程和资料，当有某种管理方法或者某个管理工具被认为有效时，大家都纷纷憧憬这些方法论和工具在自己的企业取得良好效果。学习与敢于试用都是十分值得肯定和鼓励的。管理本身就是个很广义的词，当任何人被问到管理的问题时，都会有自己的一些见解。从这个角度看，管理是个宽泛的事物。可是当讨论到企业管理时，不得不考虑每个企业特有的实际情况和实际环境，否则，企业随意套用管理方法或理论时，很容易造成该管的没管到，不该管的又管乱的管理尴尬，致使企业经营上的困局。对源于企业自身财务数据的解读是对企业实际情况和实际环境"特有性"的理解和了解的重要方法，只有了解了这些"特有性"，企业才能对掌握的企业管理方法论和工具进行选择性的采用依据。

对症下药，是企业管理的根本。企业管理讲究的是着力于解决自己企业存在的问题，而不是着力于跟随别人的成功经验来寻找自己是否有类似问题，这对企业来说有主次上的分别。对后者来说，别人成功解决的问题，哪怕企业真正发生了类似问题，若直接引用别人成功解决该问题的管理方法或理论，可能会发现这些"成功"并不适合自己的企业环境。上面说到现在市场上有着许许多多的企业管理课程和资料，但是这些都只能告诉企业目前世界上存在什么样的管理方法和系统，并不能针对企业自身存在的情况进行具体性的实际管理指导。企业管理课程和资料对企业来说只是药方。但刚刚提到每家企业事实上都是一种具备特有性的构成,企业面对的管理问题都是独特性很强的,出现的症状也都不同。企业在各种资料上掌握的各种管理方法或理论,只有在企业对自己面临的问题有充分的科学和客观认识下,才可以进行"对症下药"地精确管理。企业问题的科学性和客观性认识始于对财务数据的整理分析。管理会计中的计划功能、控制功能及差异化分析功能等对企业问题的客观捕捉都具有无法代替的作用。企业如果在无客观性和逻辑性财务数据的理解和支撑下谈管理会显得十分空洞,甚至被引进误区。总之,通过企业管理课程和资料来理解和了解企业及自身的管理是一种"推"(Push)模式,对企业来说属于比较被动的管理模式。通过管理会计来理解企业及自身的管理是一种"拉"(Pull)模式,将使得企业对自身的管理内容和方法更具主动性。

现在企业都十分强调"结果导向"的管理思路,以下几个例子说明对没有正确管理会计数据而可能出现的管理误解和误区。

例1:销售数据的结果导向:销售人员可能给予客户更长的支付时间来刺激利润表上的销售数据,但是这可能导致资产负债表上的应收账款的加大和坏账增加的比例。这样反而给企业带来负面影响。

例2:利润的结果导向(利润=销售-费用):为了让净利润好看,管理人员可能减少研发费用和设备维修费用的投入,因为这些费用可能使得企业的利润在报表上减少。但是这些费用的减少可能带给企业在长期发展和竞争力上的负面影响。

例3:资产收益率的结果导向(资产收益率=息税前净利润/总资产总额):管理人员可能通过对商品降价销售来去库存或者直接变卖固定资产来提高息税前净利润和降低总资产总额的办法,对资产收益率进行修饰性的提高,而这对企业的实际盈利能力和长期经营是一种很大的伤害。

例4:营运资金比例的结果导向(营运资金比例=流动资产/流动负债):由于存货是流动资产里面的一个科目,管理人员可以通过一直增加生产把生产加工费用吸收进商品里面,进而增加存货的数量,最终增加流动资产的数据,这样就能使营运资金比例增加和变得更好。但是这种操作会使得企业的库存压力增加,并导致库存成本、过期货品的增加,最终对企业造成负面的影响和伤害。

上面这些例子直接将财务会计和管理会计进行了一个根本性区分。企业如果只是简单使用财务会计知识来理解资产负债表和利润表上的数据，可能会出现所提到的管理误解和误区的情况。企业要了解报表背后的真实故事只有使用管理会计的知识。对财务数据的表面性信息捕捉有时甚至会在不知不觉中出现类似资金链断裂的严重后果。因此，企业只强调管理的重要性还不够，更应该强调和明白管理是在科学和客观条件的前提下进行的，而管理会计的技巧和工具正是帮助企业建立起这些科学和客观的企业管理的前提性条件。

另外，企业不仅要对管理会计的技巧性和工具性有充分的认识和运用，也要对管理会计的战略性有进一步的了解和掌握，做到真正的"管有所依（数据依据），管有所需（市场需求）"。一切不仅是以结果为导向，而是以市场为主导。结果为导向的企业管理思路通常很容易把企业带入短期盈利的思维，而伤害长期的盈利质量和能力。以市场为主导的企业管理思路则会使企业的长期盈利质量和能力得到加强和保证，虽然短期的盈利点有可能需要得到合理的压制。例如，企业如果过分强调利润为结果的经营导向，那么企业可能会减少研发经费换取利润的上升，但是这样对企业经营的产品和服务在未来的市场竞争，可能会失去自身竞争力，同时面临其他以市场为导向的企业的竞争压力。相反，企业如果是以市场需求为导向，便会对研发经费不断投入，虽然在短期上的盈利会变少，但是盈利会随着企业的产品和服务在未来市场竞争力的逐步加强而逐步上升，以保障企业的竞争力和存活空间。以结果为导向和以市场为导向对企业管理来讲不仅仅是字面上的区别，更是具有经营意义和方向上的不同。

综上所述，无论是使用 ERP 系统，还是运用管理课程和资料，企业管理的基本原则都要遵守科学性、客观性、合适性和针对性原则。每个企业的所属国家、行业、目标市场、企业文化和价值观、企业人员构成、企业战略、企业行政、企业流程等要素都决定了各个企业都有自己独特的"基因"构成。企业在法律上被形象地称之为独立法人，因此，可以说企业管理是"人人不同"。

3.6 会计的初始概念

通过前面对市场变化、中国经济的调整变化、货币金融、企业经营管理等多个方面与管理会计的联系的不同切入和讨论，中国企业在当今的商业竞争中很需要，也很有必要懂得从不同方位来理解财务数据的作用，提升企业新的会计商业性理解，升级会计的能力运用及展望会计在未来的新常态。无论企业的规模、所属行业、性质（国有或私有），只要是在市场经济下进行盈利性的竞争角逐，都在做一些类似的事情，这便是"用钱"和"赚钱"，而会计在这些事情中的角色有着不可替代的作用。众所周知的一个道理，如果将企业资源（包括金钱和物品）比作人体的血液，那么会计功能一定是人体的心脏功能。会计这个"心脏"的强大与否对企业的商业生存和竞争能力有着关键性和决定性作用，那么，鉴定强大与否的标准就在于企业对财务数据的理解能力和运用能力。会计的基本功能之一便是记录企业的"用钱"现象。一般来说，只要金钱是无限量的，"用钱"对任何人来说都不会存在懂或不懂的疑问。可是对于企业来说，不仅需要考虑金钱有限性问题，还需要考虑"用钱"的目的是"赚钱"。有这么两个前提条件的存在，企业的这个目的性"用钱"方式就需要完全的科学规划和统筹，例如，企业的这个"用钱"方式需要讲究主次、轻重、机动、战略等。管理会计便是帮助企业构建和规划好"用钱"这个初始点和"赚钱"这个目的点之间所需的道路，俗称经营之道。毫不夸张地说，企业在经营这条道路上的每一个脚步，每一个痕迹都会完全经由会计数据显现出来。那么会计的管理功能便可通过我们一直强调的数据科学性和数据客观性帮助企业调整和提高其经营之道的战略性、商业性、市场性和竞争性，以坚守企业的底线（Bottom line），即盈利。

3.6.1　企业运营的会计初解

会计（Accounting）是一项十分复杂和庞大的学科。会计中最为企业所常见的是财务会计（Financial accounting）。对于财务会计，我们可以用一种反向思维来理解它的复杂，最为常见的四个财务报表（资产负债表、利润表、现金流量表和所有者权益变动表）能被任何形式机构和企业所用，这不是因为它的简单，相反是因为它的复杂。中国有句话来形容这四张财务报表显得十分贴切，叫作"九九归一"。不是专业的会计师很难弄懂和理解四张财务报表之间及表格里科目与科目之间的种种联系，更不用说这四张财务报表后面隐藏的更为复杂的商业机理和逻辑。前面简单提及，财务会计更多的是考虑外界的需求，因为企业在使用各种商业上和社会上的资源时，需要尽到相应的报告责任。例如，企业用到社会上的人员（如雇员），企业用到银行资金

（如贷款），企业用到社会的公共设施和资源（如公路和国家的有关机构服务），企业用到市场投资的资金（如股权），企业用到供应商的货物（如存货和应付货款）等，因此企业承担起相应的财务报告义务和责任。会计准则和税务法规对企业财务会计报表的要求都是从外部的角度出发，以求企业的财务报表能展示和汇报外界所需的真实可靠的财务信息。但是，由于这些会计准则和税务法规不是针对企业的内部管理需求，因此无法给予企业管理需求的满足。从企业内部的管理需求出发，只能更多地依赖于另一种会计——管理会计（Management accounting）。但是并非说财务会计和财务会计数据与管理会计无任何联系，许多时候，企业都是通过管理会计的知识和工具从内部角度出发，对财务会计数据进行重新梳理和挖掘以实现企业内部控制、资源预算和计划等目的。而且，真正合格的管理会计从业人员都要拥有熟练的财务会计知识，这样才能明确会计科目之间的归类和联系，维护好财务数据的科学作用。

财务会计将企业活动行为主要归纳为三种：企业融资（Financing）、企业投资（Investing）、企业运营（Operating）。企业融资和企业投资主要体现在资产负债表上面，而企业运营则主要体现在利润表上面。企业的这三种经营行为构成的关系如图3-2所示。

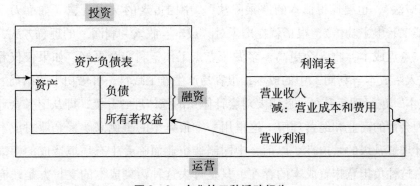

图3-2　企业的三种活动行为

通过图3-2可以发现，资产负债表中，企业通过负债和所有者权益渠道获得资金，即为融资行为。在取得资金后，企业对工厂、机器、生产设备、办公室等资产进行投资购置，开始企业的经营活动的准备。在这一切融资和投资后，企业的商业行为依然主要停留在资产负债表上，因为还无任何经营上的销售和费用行为出现。企业将融资和投资后的固定资产对原材料进行加工生产后，有了商品，企业才可能开始销售行为和相关的经营性费用产生。这时销售便会在利润表上出现，利润表也才开始出现。至此，我们简单陈述了两张财务报表在企业经营中的基本关系。

企业经营一般都会涉及一些经营名词，例如，重资产、重管理、经营不善等。从财务会计和管理会计角度来讲，"重资产、重管理"的问题侧重点是资产负债表，因此需要通过该表的数据进行资产检测和重组。另外，"经营不善"的问题侧重点则是利润表，需要对该表的各种销售构成关系的经营成本数据进行检测，以通过这些数据的结构关系来寻找调整和改善经营模式的关键点和机会。那么通过管理会计，企业就能提高企业的资产配置和经营模式的协调性和合理性。

3.6.2 成本

"成本"是一个大家都很熟悉的会计名词。但是，"成本"在管理会计里是一个十分复杂的企业经营概念。企业要对"成本"在新时代背景和新商业环境下的理解进行升级，中国制造时代的"成本"对于中国企业更多的是指制造成本，但是，在后中国制造时代，中国企业需要对"成本"从不同角度进行更为全面性和系统性的理解。在前面的章节我们提出不仅要懂得成本的"加减法"，也要懂得成本的"乘除法"。中国古老的文明智慧（如磨刀不误砍柴工、事半功倍），很早就提出了对"成本＝收入－利润"的理解方式，多花一点点成本，收入会更高，多做一点点工作，利润会更好。如果仅仅看到"收入－成本＝利润"中的成本，很容易产生偷工减料、事倍功半的结局。对"成本"进行理解升级，就需要对会计体系的整体理解升级，即从财务会计到管理会计的商业和经营理解。这里用一个很典型的事例来解释企业对成本和会计理解升级的紧迫性。以前，中国制造企业面临着生态环境造成的污染负担，这种负担意味着成本的存在，只是过去这种污染成本的支付方是政府和社会。而今，中国经济深化改革和中国签署《巴黎协议》等外部因素，促使这种污染性的负担成本将从以前的外部成本转为企业的内部成本。对成本理解升级的例子还有现在科技所带来的新型科技性污染。今天，互联网科技引领的共享经济对中国的数字经济发展可谓功不可没，可这同时也造成了一种社会上的"共享乱象"（如共享单车的随意停放），而治理这种乱象的成本再次由政府和社会承担，然而，这种对污染成本从生态性质到科技性质的新定义或新理解更多地需要政府层面的会计理解升级，以便为未来的社会治理出台更符合实际情况的政策和制度。

无论如何，中国企业在后中国制造时代需要比以前任何时候更加重视对经营成本进行"显性"和"隐性"的区分理解，尤其是对隐性成本的重视。显性成本比较趋向于传统性的企业经营成本，如原材料、管理、财务成本等。而隐性成本对于企业经营理解会更抽象，如社会成本、机会成本、法律成本。在此，对隐性成本进行简要的举例说明。

—— 社会成本：在当今互联网和信息时代，社会成本是企业必须认真考虑的一种现代经营成本。现在经常会看到企业在出现任何经营问题时，社会舆论总是比法律层面更早和更有力度地给予企业压力。而这种压力造成的结果是企业某种形式的成本支出，这种成本支出，小到企业需要相应的资金方式处理（如赔偿），大到企业的瞬间倒闭。

—— 机会成本：企业一旦出现经营问题，就意味着原有客户和潜在客户的成交机会流失。

—— 法律成本：在市场机制和法律机制不断完善和发展的情况下，企业经营所面临的法律潜在风险和成本都会是一种增加的状态。

3.6.3 企业与成本

"居安思危"是企业在现代经营环境中一种必不可少的成本意识。对于隐性成本，企业需要进行预防性和补救性的思考处理。当然，预防性处理方法往往会比补救性的处理方法使企业受到的损失和伤害程度更低些。任何形式（包括企业经营）上的"完美"都只是一种理想的状态。在环境的变化下，企业总会有不同的问题出现，甚至原来不是问题的事情也可能会变成一种新问题。"居安思危"有利于企业及早的察觉和发现问题所在，并在有预防性经营行为的干预下，对隐性成本实施有效控制。我们再将注意力和讨论点转回企业的显性成本上。企业虽然对显性成本不陌生，但是在现在竞争激烈的商业环境中，需要对显性成本更深入地进行固定性和变动性成本的理解方式，以保证企业成本结构的灵活性能随时应对市场和环境的变化。

前面提到过，企业需要通过反向思维来理解和思考会计这门科学的复杂性。简简单单的四张财务报表（资产负债表、利润表、现金流量表和所有者权益变动表）能被任何机构（营利性和非营利性）所用。不是因为它们简单，而是因为它们复杂。专业会计人员通过对财务报表后面的商业机理与企业的关系，进行系统性梳理和归纳，这些财务报表方便企业对其经营活动进行简便追踪和记录。同时，通过这些记录，企业外部相关方面也可对企业内部情况有较为初步的了解和判断。

四张财务报表归属于财务会计的范畴，而财务会计只属于会计众多分类及分支的一种。从不同角度理解和定义会计会出现不同的分类，例如，从一个角度，会计可被分为成本会计和责任会计；从另一个角度，也可将其分为金融会计和管理会计。对企业经营活动所反映的财务痕迹追踪记录是财务会计最为重要和最为本质的功能，但是这种记录只能对企业的经营起到历史性和表面性的解读。不幸的是，这种解读经常会误导企业未来经营方向和经营内容。这种误导主要有几个原因：一是解读人员的非专业性；二是财务会计知识范畴里管理性技巧和工具的缺失；三是财务会计的记录要求和方式是根据各个国家的会计准则制度和税务法则制度，而非从企业的经营需求出发进行的根本性考衡。这些制度本身是一种僵硬性的事物，它考虑的是社会大众的整体利益，无法也不可能为了适应各个企业自身独特的实际情况和需求而进行改变。相反，财务会计的制度性背景决定了它是企业需要去适应外部制度的一种记录和报告作用的规则性会计。管理会计则属于一种非制度性会计，要适应和满足企业的经营和管理需要对管理会计更多的依赖。

管理会计具备的传统性作用和功能包括预测、预算、计划、控制和激励。这些作用和功能里的许多管理会计技巧和工具能帮助企业对资源和资金使用进行更具效率和效果的优化。效率和效果的优化可以使企业得到账面上成本的降低。但是，传统性管理会计可以帮助企业进行账面上成本的降低，终究只是考虑到了企业的内部经营和管理问题，任何企业经营成本都需要充分考虑到市场的疏导作用，这样才能做到内部成本规划作用和外部成本消化作用的同时考虑。换句话说，成本出现的目的是为了能让企业的商品和服务得到市场的认可和接受。只有得到市场的认可和接受，企业的成本才会被市场吸收，才会在真正意义上存在降低企业经营成本的可能和概率。因此，要降低企业的真实成本，更多的要依赖管理会计的战略性。通过管理会计的战略性，企业可以高成本来完成更高的销售额，使得企业相对成本水平得到实际上的降低。账面成本和真实成本的根本区别在于，账面成本为考虑商品供应本身而思考成本，而真实成本为考虑市场需求而思考成本。账面成本和真实成本的区别就是目前中国出现产能过剩，需要供给侧结构性改革的根本原因之一。简而言之，一个企业的商品和服务的账面成本再低，只要市场不需要而销售不出去，就会致使真实成本的上升。反之，一个企业的商品和服务账面成本再高，市场有需求而销售得出去，这样能达到真实成本的下降。账面成本和真实成本的理解方式是对传统性管理会计和战略性管理会计的本质不同的区分方式之一。这种本质性区分将会在后面的章节里进行更为详细的讨论。

任何形态的市场经济，企业经营的重点都在于对市场价值的创造和产生。理论上，企业的经营成本高是有可能创造出高的市场价值。但是，实际上市场价值的高低并不取决于企业付出的成本高低，而是取决于企业对市场需求价值的准确理解和把握。因此，过于局部和片面强调企业成本的量性理解，很容易造成企业对市场需求价值质性判断的忽略和误导。最后，企业有可能会对市场出现"高成本就一定出好东西，就一定得高价格"的误解性思维。再进一步讲，过分强调成本也很容易让企业忽视和错过全面性的企业流程再造可能。市场经济中，企业经营成本的高低固然重要，但更为重要的是成本消耗和市场价值产生的精准对位。在后中国制造时代，企业在经营上不要局限于"省"的思路，而要加入"创"的思路和经营元素。例如，企业能进行很好地创造和产生市场价值需求的条件下，就有可能通过 10% 的成本增加（Marginal cost，边际成本）为企业带来 50% 的收入或利润增加（Marginal revenue or profit，边际收益或边际利润）的客观经营现象。

成本和市场价值的对位关系能够帮助企业培养和塑造成本链条性的经营思维方式。在这种对位关系下，企业的成本链条结构需要对企业战略定位所要求创造的市场价值进行成功输送。这里便涉及多次强调的管理会计的战略性。战略管理会计是一门独立性和综合性很强的科学，它不仅站在了商业的制高点（战略），更是融入了管理学、经济学、金融学、统计学、会计学等众多方面的知识体系，帮助企业打造和实现对经营成本和经营内容从分散性到链条性，从局部性到整体性的商业思维模式。

通过管理会计的战略性引导，企业的经营成本必须要建立在企业成本对企业经营的长期性和短期性、投入和收获、战略性和局部性几个方面的相互影响进行理解和判断。以下罗列几种情况对这种"相互影响的理解"进行简要说明：

情况一，企业需要放弃短期的盈利率来提升长期的盈利能力，企业需要保持对经营设备和装备进行更新、维护、替换、升级等处理成本的支出，这样虽然会降低企业当年的盈利额，但会时时刻刻保持和增强企业的竞争力，以保证企业在长期经营中通过盈利能力获得更大的盈利额。

情况二，企业对客户的售后服务进行投入，那么其收获便是企业品牌的正面影响力，从而通过企业品牌影响力的增强来实现对企业其他商品和服务前期市场推广成本和压力的缓解，同时，使得企业的市场份额得到扩张。

情况三，企业对裁减各种经营成本时，如果无法对裁减成本的所属经营成分（如重要人才、培训、调研）进行战略性甄别，那么可能会使得企业出现由点到面、由局部到全局的战略性影响。

总之，互联网和其他科技改变了一切，对于商业和市场经济来说，互联网科技提高了市场的信息透明度和对称度，在全球化竞争都在追求创新的时代，中国企业的经营意识形态需要及时进行调整和跟上变化节奏。后中国制造时代的中国企业要面对的竞争更多的是趋向商品和服务的价值端而非成本端。换句话说，企业的经营成本很低，没有输送市场需求的价值，销售不出去，讨论成本的高低就失去了任何商业意义。企业的经营成本很高，能创造出市场需求的价值，并能进行市场需求的增值（Value－adding），再来讨论成本的高低才显得更有商业实际。

4　会计进化升级与中国经济发展

4.1　从财务会计到战略管理会计的发展

大数据背景下，中国企业都很清楚数据在商业竞争中的重要性。企业都争先恐后地关注外部环境和外部环境数据，却无法很好地把对于企业来说最为实际，且与企业发展最息息相关的财务数据很好地运用起来，更是很难通过这些数据发掘数据背后的驱动点（Driver）。这主要有几个基本原因：一是中国企业说到财务时，基本只会习惯性想到报税性的财务事宜；二是会计有时在大众眼里甚至只被理解为一种简单算术，被等同于只是需要加减乘除的一些简易数学计算；三是长期处在中国制造的低成本商业理念里，中国企业经营在单一的成本角度看财务问题的环境中浸泡过久；四是财务人员对财务数据的记账意识，而非管理意识处理；五是中国管理会计的整体发展相对滞后，专业人才缺失。

会计是一个统称性词语，就像是我们将不同款式或种类的服饰统称为衣服。我们一再强调的会计本身和会计分类需要区分，会计分类有金融会计、财务会计、成本会计、税务会计、管理会计等。基于本书的针对性和目的性，从服务于企业的管理和转型需求的角度出发，本书的主要会计分类为财务会计、管理会计和战略管理会计。另外，由于税务会计是政府根据国家的建设和民生需求的一种独立于企业之外的国家管理税收会计体系，而本书中讨论的所有有关的会计均是从企业自身的商业经营活动和商业发展需要出发，这些会计（财务会计、管理会计和战略管理会计）的系统性讨论主要是用于帮助实现企业对服务于企业内部管理需求的管理会计的主动重视和引进的目的。因此税务问题不在本书所涉及的会计问题的讨论中，除非某些章节里进行单独的简单提起。另外，税务问题不被讨论的其他原因也会在其他章节进行说明。财务会计和管理会计的区分主要有以下几个方面。

第一，虽说财务会计在全球有国际财务报告准则（International Financial Reporting Standards，IFRS）的存在，但是每个决定吸收和采用"准则"的国家都还是会根据各自国家的国情、法律、文化和其他考虑因素对"准则"进行相应的调整，而后形成自己国家的国家财务报告准则（如澳大利亚的国家会计准则）。财务会计理论上永远也不可能做到其运用层面的全球化，更多的只能到国家化的程度。由此可见，财务会计在运用上具有求同存异的特点。反观管理会计，对管理会计的全球化运用是完全可行的。例如，美国管理会计师协会（Institute of Management Accountants，IMA）旗下的美国注册管理会计师认证（Certified Management Accountant，CMA）的教材由英文直接翻译成中文，便可以直接在中国和中国企业进行实际的学习和操作应用。相信在未来，中国也会通过对美国的这些管理会计教材的实践不断对其进行更新和提炼，再由中文翻译成英文，让西方和西方企业也直接受益。由此类推，这样不断的彼此之间的互动（Mutual Interaction）会使得管理会计一致化和全球化。管理知识的全球化从企业管理（MBA或者EMBA）科学的普及便可见一斑。所以，管理会计则异曲同工可以运用到世界任何一家企业。

第二，财务会计和管理会计的基本区分就在于财务会计从根本上是服务于企业外部环境所需的会计系统而不是服务于企业内部管理需求的会计系统。这个区别也进一步加强了财务会计只能国家化，而管理会计可以全球化的思考。财务会计是基于各个国家的商业交易和记账思维习惯，以及国家生活所需的税务体系而形成的记录历史性财务数据的会计，可以很直观就分辨出财务会计是受外部环境的管理规定而需进行操作的体系。从这个方面来理解财务会计，企业如果不按相关国家的会计准则制度和税务制度要求进行会计处理和相关财务报表制作，那么这些财务报表就是一本非正规，甚至是非法的财务会计账。因此，财务会计在遇到企业的外部会计需求和内部会计需求发生冲突的时候，对企业有了"舍内从外"的强制性束缚。故而，企业的财务人员一般都是根据对会计准则和税务规定进行解读，而非企业的规定和需求进行科目和数据的制作和处理。管理会计服务于企业内部的管理需求，每个企业面对的由宏观和微观环境造成的问题都具有非常的个性化特点，因此可以通过管理会计原理和方法的灵活性来使得企业获得解决这些个性化问题的方案。这种管理会计的灵活性和企业问题的个性化二者的高度互补性吻合的特征注定管理会计具备能给予不同企业在不同环境和条件中，对其进行不同运用的优势和便利。

第三，财务会计的数据讲究的是可信性和真实性，时间越久的数据才越可信和越真实。这样的数据只能做到回顾过去，却无法帮助企业展望未来。全球化背景下，宏观的商业环境可以说是瞬息万变，科技更新的速度越来越快，市场需求具有多变性等因素都要求当今企业必须具备记录历史性，同时准备未来性财务数据的技能，以使资源和资金能够得到最有效性和机动性的使用和运用。因此，传统和相对保守的财务会计所具备的数据处理能力对企业内部的经营管理没有真正发挥和起到财务数据应给企业带来的更大实际价值。如上所述，不同行业或同一个行业中的每个独立企业的操作和运营都有自己的独特生存环境，那么财务会计上的数据因为无法顾及企业内部需求，只能依法依规通过财务数据对已经发生过的企业行为进行生搬硬套式的记录，无法实现企业内部的管理需求和最为重要的资源和资金对企业需求的精准投放。例如，甲集团有 A、B、C 三家分公司，集团常规的财务会计报表无法预见性地回答需在下个月把集团的资金先拿给 A、B、C 哪一家公司使用和相关的使用时间。往往只能被动式的等到 A、B、C 三家公司中的一家向集团提出资金使用需求时，集团才能进行反应。在当今这种由互联网构建起来的复杂的商业环境下，财务会计报表使得企业的管理模式相对被动和危险。就像当 A、B、C 提出资金使用需求时，集团又没有进行预见性的资金储备，那么集团就要以更高的利息或成本进行资金筹备，甚至如果筹备不到所需资金，就会引起相关公司甚至集团的其他连锁问题。这种情况在现实商业中是屡见不鲜的，许多企业的资产负债表和利润表表面上很好，但有时会突然莫名其妙出现资金链断裂的问题。这里的根本原因便是企业内部缺乏预见性的财务数据处理技能，也是管理会计在企业里缺位的后果。

在建立以上内容的基础上，会计的资产化理解是我长期坚持的一个企业经营观点。企业的财务数据对于企业自身的经营是一笔十分有价值的无形资产，它的每个数据都是企业用人力、财力和物力换回来的，因此它需要在意识上被资产化理解。企业可以借用其他无形资产（如品牌、专利）的意识来理解财务数据，但财务数据又是一项十分特别的无形资产。比如：

——财务数据的生成都是以企业对资源的消耗为基础的，企业不消耗资源和资金就不会有财务数据。因此财务数据像其他资产的产生形式一样，都是企业用资源或资金换回来的，所以是企业的一项资产性事物。

—— 与品牌和专利等无形资产不一样，财务数据永远无法成为真正意义上的资产。品牌和专利等无形资产如果在市场上进行交易，是可以记录在企业的资产负债表上的，但财务数据无法通过市场交易而成为资产负债表上的一项资产。

—— 财务数据对企业很重要，企业就像对自己的技术一样希望对外界进行一种保密状态。

—— 财务数据只有通过专业性和系统性的构建，才能形成对于企业具有资产性的价值。当财务数据具备了资产性的价值，那么它在企业的经营管理里的角色和价值体现一定是帮助企业进行各个方面的运筹帷幄作用。

那么，财务数据真正要实现对企业起到一种无形资产的作用和价值，唯有依靠管理会计而非财务会计来对其财务数据进行系统性和预见性的构建，进而对数据进行针对企业经营上的价值性利用。管理会计将结合以前的财务数据，根据企业内部的实际操作环境的要求，而非会计行业或政府规定的要求，来制作内部需求的资产负债表、利润表、本量利表、敏感变化表、企业经营成本性态结构表等针对各自企业管理性质需求的财务报表。当这一张张管理会计性质的财务报表建立起来后，它们就如同企业自己的心电图、血液检测表、X 光透析表随时帮助企业监测和检测自身的健康状况，以便让企业实现"强身壮体"的条件和基础。企业需要及时和随时自我调整，加强自己的强项和弥补自己的弱项，而这些都依赖于管理会计的引入和运用。也唯有此时，企业能够根据管理会计来建立起能够帮助自我进行调整和提升的财务报表，财务数据才能真正被称为企业经营意义上的有价值资产。

当财务数据因管理会计的技巧性作用和功能进行处理，而实现"资产"价值转换时，我们应该实现财务数据"资产"的杠杆作用，以进一步加大和扩大它能给企业带来的经营价值。对财务数据"资产"进行杠杆化的原理，就是把管理会计的作用和功能运用到战略层面，我们将之统称为战略管理会计。战略管理会计的侧重点已经不在会计身上，而是通过财务数据的客观性和贯穿性对企业制定的战略进行调整和验证。商业竞争只是人类社会所有竞技模式（如军事、体育）之一，商业竞争遵循的也是适者生存的自然法则。"适"才是商业竞争的王道，而非"强"。强者如果不能成为适者，最多也只是逞一时之能，最终会出现强弩之末的颓废之势或最终沦为失败者。我们不难发现很多实际的商业例子可以说明这个"适"和"强"的商业逻辑区别，例如，移动手机行业里的苹果（Apple）和诺基亚（Nokia）、家电（White goods）行业的中国企业对日本企业的收购现象。

"适"的主要立足点是要求企业做出调整以适应外部环境，而不是希望外部环境来适应企业。外部环境指的就是宏观的经济、政治、文化、法律等的变化和微观的行业竞争，客户需求和供应需求等的趋势，然后企业根据对外部环境和情况的信息了解和理解后，在自身内部进行应有的商业性调整。企业根据外部环境变化进行的调整不能主观，不能随意，更不能混乱，而这些"不能"只能依靠最客观和最科学的数据进行衡量、控制和调整。战略管理会计便是通过数据的科学性和客观性帮助企业实现适合外部需求的稳中求变。

简单总结一下，战略性管理会计和传统性管理会计的根本区别在于，传统性管理会计更多的是侧重对管理会计方法、技巧和工具的掌握和运用，例如，企业资源的计划和预算、企业的资产回报率、杠杆利用率、流动比率等测算。战略性管理会计是一套运用管理会计原理和方法来帮助企业进行战略性商业创新的工作原理和方法，与传统性管理会计强调的"企业内部"不同，战略性管理会计需要同时对外部环境和内部环境进行系统性分析来了解企业整体的生存环境的状况和走向，以便及时合理调整和重新分配企业自身的有限资源和资金，使得这些资源和资金能够准确地使用在真正的市场要求和市场需求的价值创造上。例如，企业通过分析了解到市场需求价值源于更多的新产品和企业的研发能力，企业通过管理会计里的分析工具对其财务数据进行分析后，发现企业把资源和资金更多地投放到企业自动化管理能力上，而不是产品研发能力上。即使企业把自己内部管理得再好再有效率，也没有从根本上满足市场所需求的价值，这时企业就需要将更多的资源和资金通过对生存环境的了解重新进行预算和计划，这就是战略管理会计。在全球化和生活水平不断提升的今天，哪一家中国企业若实现不了全球市场需求的价值，就只能把市场让给其他中国企业或者外国企业，例如，中国消费者漂洋过海到其他国家进行商品购买的行为很好地诠释了这一点，这与成本无关，只是关乎价值。

4.2　通过财务会计报表看"中国制造"

在这里，我们不对会计准则和税务的规章制度进行详细讨论，更多的是运用财务原理和知识来解释和观察财务数据与中国制造时代的企业经营管理的相通性。财务会计的数据虽未能对企业内部管理起到积极作用，但是由于财务会计的数据都是已经发生过的事情留下来的历史性数据，我们可以通过它来看出企业过去的经营情况。中国的整体经济便是所有中国企业经营的一个总结情况，因此我们将通过财务报表中的资产负债表和利润表的"历史性"来观察和探讨中国制造时代中的企业经营操作，以及用这些财务报表解释为何会在后面出现"产能过剩"的局面。从财务数据与企业经营贯通的相通性角度出发，可以通过财务会计让大家对财务数据后面隐藏的企业经营管理机理有一个初步认识，以便提高对掌握管理会计意识和知识的必要。

下面，我们将使用资产负债表和利润表这两张财务报表展开对中国制造时代的几种具有代表性的经营模式的解释和讨论，如企业基本生产运营模式、企业代加工（Original Equipment Manufacturing，OEM）运营模式、企业研发运营模式、企业投资投机运营模式。由于这些企业的运营模式到中国制造时代的后期会出现交织的现象，即原先采用基本生产运营模式的企业也会出现研发运营模式的重复或交替，或者原先采用基本生产运营模式的企业会出现投资投机运营模式的踪迹。

因此，读者要想更好地通过这两张财务报表观察和理解中国制造时代的企业经营行为，则应该把思维调回1978年中国经济改革开放的第一时刻，然后站在那第一时刻来理解中国经济后面发生的事情。尽量避免站在现在的时刻用事后议论的态度和思维来看以前的中国经济，否则将出现"剪不断，理还乱"的思维混乱，因为中国企业到后面的经营内容逐步多样化和复杂化致使中国制造时代的常规和常见的企业经营行为逐渐被掩盖起来。例如，在中国制造时代的后期，出现原先服装生产型企业后期涉及房地产行业的经营，出现原先钢铁生产型企业后期涉及金融行业的经营，出现餐饮服务型企业后期涉及生产行业的经营，等等。这样的经营多样性和复杂性覆盖了所要了解和解释的中国制造最本质和最原汁原味的"中国制造"经济和企业经营问题。因此，我们应该把时光转回中国经济改革开放的初始，然后随着时间的逐步推移来用两张财务报表逐步理解中国制造的时代历程。

4.2.1　中国制造时代的企业基本生产运营模式

中国制造时代初期，由于国内市场的需求巨大，而供应十分有限，因此，商业和企业的经营模式非常简单和粗犷，基本上只需要企业拥有资金后，对机器设备进行购置，直接进行生产活动。然后，企业有了商品，直接推向市场就可以销售出去。当时中国市场供应的匮乏和空虚，决定了这种简单的商业和经营模式的成立。许多中国制造企业只需要发现任意一种能用于代替传统手工制造产品的机器设备，便能进行大量的生产加工活动，让大批量的商品进入市场便能赚得盆满钵满。因为中国的市场在初期就如同干燥的巨大海绵一样，而货品就如同水流向海绵，流进多少，中国市场就吸收多少。如图 4-1 所示。

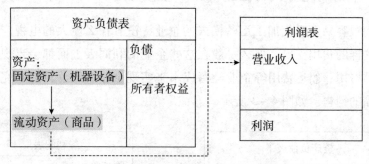

图 4-1　中国制造时代的企业基本生产运营模式

后来随着商业竞争的不断上升，每个行业出现许多生产相同产品的竞争对手时，有些中国企业就意识到了推广的重要性。那么我们会发现企业的利润表上面开始多了推广费用的会计科目，例如，电视广告。由于有推广费用的接力，企业的商品销售才能进一步上升和比竞争对手销售得更好。

再后来，商业竞争随着行业参与者的增多和产品同质化的加重，有些中国企业不仅进行简单式的广告推广，同时对广告内容和推广深度进一步加强，例如，明星代言。那么这时候我们就会发现利润表格上面多了一项明星代言费用。有了广告费用的接力和明星代言费用的进一步接力，企业的销售才能在激烈的销售竞争中使自己的产品脱颖而出。如图 4-2 所示。

综上所述，我们不难发现，中国制造时代的企业基本生产经营模式随着中国市场商品供应的不断充实和商业竞争的激烈程度不断上升，企业经营的内容从开始的简单生产加工到不断有其他商业经营环节的介入，最后实现商品销售的目的。

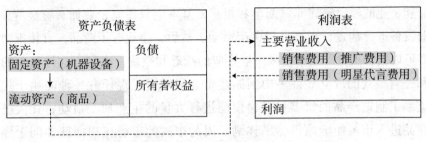

图 4 - 2　中国制造时代的企业基本推广运营模式

4.2.2　中国制造时代的企业代加工运营模式

我们很容易发现代加工运营模式的企业，没有什么庞大的电视广告和明星代言这样的费用支出。那么一般在这些企业的利润表上面都会出现展会费用、样品费用、船运费用等企业经营成本来实现企业的经营目的和完成相关经营商品的销售。如图 4 - 3 所示。

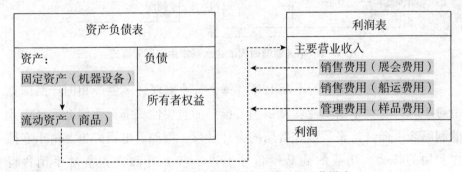

图 4 - 3　中国制造时代的企业代加工运营模式

4.2.3　中国制造时代的企业研发运营模式

企业研发运营模式主要集中在对商品研究和开发费用的大量投入上，这些企业从初期就注意到对企业自身产品的品样和性能在市场中竞争的重要性。研发费用和企业基本运营模式中的推广费用的区别在于，前者使得企业自身产品的内部竞争力得到加强，而后者通过外部的推力帮助企业产品的竞争力得到补充和加强。我们不难发现研发费用的作用将从利润表直接向资产负债表折射。如图 4 - 4 所示。

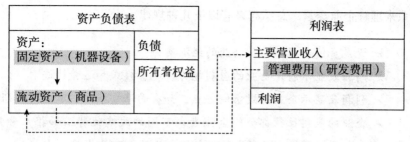

图4-4　中国制造时代的企业研发运营模式

4.2.4　中国制造时代的企业投资投机运营模式

中国制造时代下，也有一些中国企业通过外部经济环境发展趋势来进行水涨船高式的财富积累和盈利模式。这些企业在主要经营的业务没有得到发展的时候，还是能依赖对各种非主要经营业务（如证券）和资源（如采矿权）的投资和投机，使得企业的财富迅速增长。这些企业一般不像其他生产性和服务性企业会在利润表上出现代表性的费用支出，而是通过所购资产和商品的自我市场升值来使得资产负债表中的所有者权益的价值上升。当企业对资产进行售卖的时候，通过利润表的主营业务收入以外的收入对利润的提升进行实现，进而对所有者权益进行实际水平的上升作用。这样的企业更多地是通过资产负债表的内部自转式对财富进行积累，而非与利润表上面的相关费用一起形成企业的正常经营活动，故此类企业的运营和盈利模式属于一种投资投机，而非常规的业务经营。如图4-5所示。

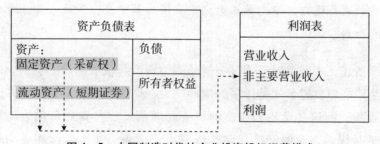

图4-5　中国制造时代的企业投资投机运营模式

通过以上四种常见的中国制造时代存在的主要商业经营活动的简单介绍，我们发现除去企业投资投机运营模式，其他运营模式都需要相关的费用对企业的主要经营业务进行正常的经营和竞争支撑。用资产负债表和利润表之间的关系来理解企业经营，总结起来有以下几种规律。

> 资产负债表显示的是企业的经济实力。

> 利润表显示的是企业的盈利能力、运营模式和运营轨迹。

> 利润表显示企业的战略侧重点，如有的注重推广，有的注重研发。

> 企业的费用往往都会给企业带来不同的战略优势，如推广费用会给企业带来品牌优势，而研发费用会给企业带来产品优势。

> 只有企业的利润表才能真正显示企业的运营能力，而资产负债表则是对利润表上面的运营内容进行支撑和配合。利润表上显示企业的整体运营模式和商品销售思维，然后再由资产负债表进行支撑性的资产和资金配套。例如，企业希望在物流这一经营环节上将自身和竞争对手在市场和客户意识里区分开来，那么企业就应该自己组织和创建物流能力来对客户进行配送服务，而不会选择将企业物流这一经营环节外包给其他企业。那么，企业的利润表上肯定会出现类似车辆折旧这样的费用内容，那么既然会有车辆折旧的费用出现，企业就得对车辆进行购置行为，这样企业资产负债表里的资产部分就会出现"车辆"来实现对利润表上的运营活动进行支撑。

> 企业运营应该先把利润表思考和整理好，再来思考和整理资产负债表。也就是，企业需要先计划其商业模式和运营内容，再来思考需要什么资产和设备对计划的商业模式和运营内容进行支撑，最后才考虑资金渠道和资金压力。但是在实际中，经常发生的情况是许多企业的一种反向的商业运作，即先融入资金，直接购置资产，然后才开始考虑商业模式和内容的运营。

综上所述，中国出现产能过剩就是因为资产负债表的严重负荷，因为产能就是生产能力，过剩就是过多的生产能力，这些生产能力源于过多的机器设备和设施，而这些设备和设施的财务处理都是放在资产负债表上面。在中国制造时代，企业的经营思路是以资产负债表为主，以利润表为辅。但是在后中国制造时代，企业应该具备以利润表为主、资产负债表为辅的经营思维和经营意识。那么，这种"利润表为主，资产负债表为辅"的经营意识便是管理会计思路的出现。中国经济改革开放初始，以"资产负债表为主，以利润表为辅"的企业经营意识成就了中国经济的飞速发展。但是，这也成为今日中国经济的难题。这个难题也是中央政府提出"去产能，去库存，去杠杆，降成本，补短板"的原因，而这些难题和困境的根本都是财务的一种理解和走向问题。

4.3 "去产能，去库存，去杠杆，降成本，补短板"（三去一降一补）

"三去一降一补"中的"降成本"，会在后面以单独的章节进行更为详细和集中的讨论。"补短板"，在前面我们已经稍有提及，它更多的是指出补充和升级企业的商业思路和理念的不足之处，管理会计作为一项新理念得到国家（财政部）的重视并以政策的形式进行推广。整本书的目的就是用来帮助企业认识管理会计技巧性和战略性作用和功能，促使企业建立起引进管理会计的主观能动性，进而起到对整个国家经济体和个体企业"补短板"的作用。那么在本章节，我主要讨论"三去"的问题，因为产能、库存和杠杆都集中在资产负债表上，且三者的关系十分密切。前面说过中国制造时代，由于市场供应不足，市场需求旺盛，决定了当时利用杠杆撬动产能，产能放大存货的商业模式的可行性。而现在由于市场供应的过多和过快，市场需求的多样性选择，决定了企业的存货无法进行有效销售。这也就造成了集中在存货里的资源和资金无法进入利润表再流回资产负债表的良性循环，这种情况下再多的设备、设施及资金都无济于事。在资产负债表和利润表出现断层的时候，导致企业资产负债表的整体臃肿，而中国企业的个体资产负债表一经汇集便成为国家的整体资产负债表，国家自然需要对整体资产负债表上面的负债、固定资产、存货等进行相应的去杠杆、去产能、去库存的行为和政策调整，如图4-6所示。

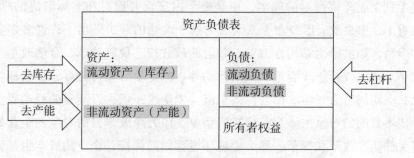

图4-6 "三去一降一补"中的"三去"

再有，一些企业在资产负债表上的数据大，而利润表上的数据小的时候，就很有可能成为中国政府政策里的"僵尸企业"，因为资产负债表和利润表出现断裂现象，资产负债表里的各种资源无法用来产生企业正常经营业务的利润。这样政府会希望各种社会资源（如资金、土地）从"僵尸企业"清理出来给其他可以使利润表正常运转的企业。如图 4-7 所示。

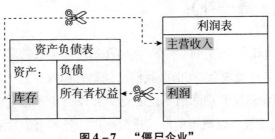

图 4-7　"僵尸企业"

4.4　降成本

任何盈利性质的企业经营简单归纳起来就只在做两件事情：一件是用钱，另一件是赚钱。很直观地理解，企业的用钱行为就是经营成本的问题。

目前，中国各个方面一直都对实体经济企业的经营成本议论纷纷。事实上，在国家和政府层面，实体经济的成本问题也被给予很大的关注和重视。在本书前文提及一个关于国家层面对中国实体经济企业经营成本问题十分关心的实例。那就是，在 2017 年的国家社会科学基金中应用经济类众多项目中赫然显示出一个名为"降低实体经济企业成本的理论和政策研究"的课题。可见如何解决中国实体经济企业成本日益上升的难题已经迫在眉睫，这不仅仅是个别企业需要面对的问题，更是整个国家需要面对和实际解决的难题。不难看出，中央政府已经在十八大后为这个难题的解决做出了许许多多实质性的事情，如供给侧结构性改革、政府简政放权、税制改革、金融改革、人才改革、司法改革、政府惩贪廉洁行动等。但是政府做得再好，企业却纹丝不动，一切的努力和尝试都会付诸东流。毕竟这一切大刀阔斧的行动要实现的降成本目的的对象主体是实体经济企业。作为降成本目的对象的企业如果自身无法实现改革和变革，那么宏观环境再如何调控，企业的成本也是无法从根本上降下去的，企业依然会感觉到经营成本的压力。这就如同喜欢睡懒觉的人，就算外界再如何敲锣打鼓，终归还是会继续沉睡。而喜欢早醒的人，在外部环境出现任何动静之前，便能迅速觉醒。除了外部环境的变化，企业自身的变化和意识变化才是真正实现变化的原动力，面对降低企业经营成本这个难题亦是如此。而要出现变化，思维意识上的变化才是重中之重，毕竟一切是为人所用，企业的思维意识不能出现并实现成功转变，变化和创新的实际就无从谈起。国家的宏观调控只能达到企业运用的各种资源和材料本身成本整体水平的降低，而企业需做的是将来源于企业外部的不同资源和材料的成本组织成一条成本链条，进而实施经营行为和实现经营目的。企业内部的成本链条整体的降低对企业来说才是最重要的。因此企业不能只单一地注意到某一种资源或材料的成本，而必须用链条式的思维来理解企业整体的经营成本和成本结构。

传统意义上的企业经营成本源于金融成本、原料成本、人工成本、管理成本、库存成本、设备成本、维护成本、税收成本等。而在管理会计中成本可被理解为机会成本、增量成本、边际成本、可避免成本、专属成本等。它们之间不仅是称谓的不同，而且主要是理念上的区别。传统的财务会计对成本的理解是对各种成本的单独理解，而管理会计对成本的理解是综合性的理解。例如，机会成本在财务报表上是无法体现的，但是在管理会计中必须被计算进某个产品或项目的考虑和评估里。因此，企业需要对成本的认识进行单个成本和成本链条的根本性区别。如果企业经营中的各种成本高，可以通过对市场对象的需求进行分析判断，并通过对企业成本链条的组装进行引导的方式，使得企业整体经营成本降低，做到成本上的"1＋1＜2"。例如，通过管理会计里的科学理论和方法来准确计算和降低企业的库存量，既能节省库存的积压成本和管理成本，又能通过节省积压成本和管理成本节省资金成本。管理会计中的预测预算技巧和工具都能使企业科学实现这些目的。

"省的就是赚的，赚的也是省的"是管理会计中另一个能节省成本的重要方式。勤俭节约是我们中华民族的美德。在中国的经商文化中，"省的就是赚的"是一种商业性的思维模式和思维惯性。这也是在中国制造时代，中国被誉为世界工厂形成的一种经营习惯，即追求低成本。这种商业思维并没有错，但是需要在现在的全球化商业环境中进一步完善，那就是"赚的也是省的"。传统上，企业在计算和理解经营成本的时候，通常理解为经营成本的"全部性"。这样，企业在不高于"全部性"成本的价格情况下进行销售的行为，企业便会觉得是一种亏损经营。实际上，企业的销售价格低于"全部性"成本进行销售的情况下都是在赚钱。企业只要能合理性销售出商品就能为企业节省成本和达到盈利，而这个合理性能通过管理会计的贡献边际理论寻找到。在财务会计中，通常企业只有毛利润和净利润的财务区分。但是在管理会计中企业存在贡献边际和利润的区分。贡献边际是用来使企业找到收支平衡和最终盈利的理论和具体方法。在管理会计中，企业的经营成本有固定性成本和变动性成本的区别，企业只要能以高于变动性成本的价格销售就是在赚钱，而价格与变动性成本之间的差就是贡献边际。然后通过企业的商品和服务销售数量的增加，来追平固定性成本和实现后期盈利。因此，把成本进行固定性和变动性的合理区分后，商品销售后所获取的贡献边际就是对企业固定成本的节省，这便是"赚的也是省的"。如下公式可以帮助读者理解传统财务会计和管理会计对企业经营成本的区分认识和对待：

财务会计：营业收入－营业成本＝毛利润；毛利润－销售和管理成本＝息税前利润

管理会计：营业收入－变动成本＝贡献边际；贡献边际－固定成本＝息税前利润

最后简单提及的是，我们一直强调的管理会计的战略性能够帮助企业在立足于管理会计上，对经营成本的认识得到进一步提升和升级。在后中国制造时代，企业唯有通过对成本链条与市场价值链条的经营认识和经营融合，才有可能通过实现"低成本高价值"的方法来彻底实现经营成本的降低性创新。

4.5 管理会计原理背后的"中国制造"

中国经济改革开放后形成的"中国制造"氛围和环境对中国企业经营的财务观有了固定性和习惯性的塑造作用。这些中国制造时代形成的财务观在商业著名价值链（Value chain）理论的理解下，"中国制造"事实上是一种被"前后夹攻"的被动经济生存状态。根据价值链理论，企业的生产环节前面应该还有研发环节（研发中心），后面应该还有推广环节（品牌）。在中国制造时代，研发环节和推广环节都被其他国家的企业掌握，因此作为生产环节的"中国制造"实际上在经济和商业中是没有占据主导地位的。中国企业也正是处于这种被动状态而无法更完整地观察和理解到价值链其他环节的作用和重要地位。最后，非完整性价值链的财务观存在的弊端导致企业只追逐成本的经营一端，而忽视了市场价值创造和增值的作为企业经营中最为主要和重要的经营另一端。顺便提一下，中国经济现在整体的创新精神就是对这种"前后夹攻"态势的一种突围方式。在中国制造形成的财务观思维下，企业很容易进入成本和价格战。成本只是企业在经营中要做和考虑的事情之一。

成本起到的是企业经营的一种"传输带"作用，企业真正要做到的是通过成本这个"传输带"链条的构成对市场需求的价值进行成功输送，从而在成功输送的条件下获取利润。换句话说，成本链条的成本构成再低，市场价值输送不出去，实现不了市场价值的成功输送，企业的销售行为就无法实现，一味强调成本低对企业又有何用。相反，成本链条的成本构成再高，只要市场价值可以被成功输送，市场接受企业所创造的价值，销售行为得以完成，实现利润，成本高又有何妨。因此，企业需要意识到在经营中成本链条和市场价值链条的共同存在和相互作用的事实。这里用一个例子来进一步理解企业经营成本和市场需求价值的关系。酒店 A 装修十分豪华，但是服务质量差，客人不入住，整体经营成本对市场价值的输送失败。酒店 B 装修十分普通，但是服务质量好，客人选择入住，整体成本"传输带"作用得以成功实现。这里装修和服务都是整体成本链条中的节点。因此我们无法得出装修成本越高或越低生意就会越好或越坏这样的结论。在后中国制造时代，中国企业必须开始注意到，与成本链条构成关系的另一条市场价值链条。事实上，这也是目前中国经济转型升级最重要的地方。我们可以注意到当企业把市场价值链条（或企业经营的价值端）做得很好的时候，成本对于市场和企业的意义就不会存在绝对性。就好像中国许多消费者通过各种渠道（出境或代购）购买外国企业的商品，这样的购买方式事实上就成本本身而论是很高的，但是这个时候企业经营的价值端开始发挥作用，使成本的意义不再纯粹化。因此中国企业需要摆脱中国制造时代下对成本的初级理解模式，对成本进行另一种与市场价值创造同步的理解升级模式。接下来我们将通过管理会计原理对"中国制造"背后隐藏的三种经济现象进行研究和讨论。

4.5.1 现象一：中国企业"制造"下的硬成本与软成本

中国制造时代，中国企业在受到"制造"二字的影响形成的商业惯性思维的引导下，常常会较为注重资产负债表上面的硬性成本（如机器设备、原材料等），而存在于利润表上的软性成本（如研发费用、商业咨询费用、培训费用等）却没有得到足够的重视。对硬性成本的过度关注会使得企业比较注重生产性成本和生产效率的提升，而忽视或错过全面性的对企业经营结构的检视来寻找创新点和创新机会。

中国整体的社会文化奉行的是保守主义（Conservatism）。企业在创业起来后和步入正轨时，往往会在"守"的意识下进行管理和操作，而"守"的意识驱动是看管好资产负债表里的资产，这样就会造成企业对利润表里的经营元素（或成分）没有主动更改的创新意识。另外，中国民间有句谚语叫作"创业难，守业更难"。守（业）与创（新）虽然在某种意义上具备冲突性，但是商业中，创（新）是守（业）的唯一出路。企业的存在根本是盈利（利润表），而不仅仅是护产（资产负债表）。

中国制造时代，企业对生产上的管理和效率意识，已经很难适应当今新商业环境提出的竞争要求。当中国企业由于制造意识的需要还在对企业 ERP 系统、ISO 9001 认证、6S 管理等各种管理体系进行积极探讨和引进时，世界另一端的非中国企业已经将注意力放到了企业流程再造（Business Process Re-engineering，BPR，他译"业务流程重组"）、基础工序重塑（Radical Redesign of Process，RRP）和战略管理（Strategic Management）等企业创新理论和实践。

4.5.2 现象二：中西方企业资产负债表和利润表倚重不同

中国制造时代，中国企业对市场进行的增值性经营行为较为薄弱。就如前面提到过的"前后夹击"现象，中国制造时代下的企业经营活动普遍集中在"生产"（Production）行为。可是生产行为只是一种最基本的经济价值在形式上进行转换的商业模式。例如，根据吸收法（Absorption）原理，企业将生产设备的折旧、原材料、人工等成本转换成商品的库存成本形式。这种库存成本仅仅是企业经营中的营业成本（利润表中），同时，库存成本（或营业成本）只是企业资产负债表里内部存在资源和资金的经济价值形式的存在变化，这种"内部性"的价值形式的简单变化无法产生有效的市场增值结果，而仅仅是将资产负债表里的某种形式的资产（如生产设备、原材料）转换为资产负债表里的另一种形式的资产（如半成品、成品）。但是，企业的经营活动涉及的成本面还有推广、研发、管理等其他成本，这些成本更多地体现在企业的利润表里。值得一提的是，这些成本有一个很明显的区别是，生产设备、原材料、成品等都是以有形（Tangible）的成本形式存在，而推广、研发、管理等都是以无形（Intangible）的成本形式存在。

刚刚提到，库存成本是企业资产形式上的转换成果，这种经济价值的形式转换不能给市场带来高价值。事实上很好理解和解释，因为这种经济价值的形式转换都是通过有形的成本转换形式进行的，这种"有形"很容易被市场上的其他商业参与者模仿和抄袭，一旦被模仿和抄袭也就意味着供应的增多，那么市场价值也就自然随着数量的增加而逐渐减少。相反，企业"无形"的成本相对比较难被跟踪和模仿，因此这些"无形"的成本所能带来的市场价值往往会更高一些。例如，中国被誉为"世界工厂"时，中国的这种对"有形"原材料进行加工转换的经济价值成果，往往被其他国家的企业通过另一种对"无形"成本（如专利注册、理念推广）的经济价值转换的经营行为进行进一步的市场销售行为，而这种"无形"成本转换的成果往往被市场认为具有比"中国制造"带来更高的价值。这种成本的"无形"转换的形式总体包括（但不局限于）品牌、商标、研发、专业培训等的企业成本投入。显而易见，成本的"无形"转换比成本的"有形"转换的企业经营行为更能创造高市场价值、高价格和高利润。

从管理会计角度可更为专业和简单地陈述概括为：中国企业普遍理解的成本都是产品成本（Product cost），但是企业经营中还有另一种成本是期间成本（Period cost）。产品成本是一种可以算进库存的库存性成本，而期间成本是不能算进库存的非库存性成本。中国制造使得中国企业一直比较注重库存性的成本，而忽视了非库存性成本的存在。而对于企业经营来说，这两种成本都非常重要。两种成本的区别也是可以用来解释中国制造时代普遍存在的一种经济现象：中国企业总是认为生产一种商品出来，自己能获得的利润很低。而这种中国制造的商品到了其他国家的企业手中，它们却能获得更高的利润。

4.5.3 现象三：中国企业的被杠杆化现实

杠杆，最广为人知的是金融杠杆。大家对国家现在提出的"三去一降一补"的去杠杆，也只是普遍停留在减少债务的理解。金融对实体经济的帮助有两点：一是融资；二是降低企业经营压力和经营风险。事实上，国家现在一直将金融发展和实体经济发展联系起来的关键点就是接下来要谈的用金融产品（方法）去掉企业的"经营性"杠杆。扩表、缩表、减少债务等都是人们时常会听到的与金融发展相关的词语。由于缺乏对企业"经营性"杠杆存在的认识和理解，国内金融的发展普遍集中到投资性和投机性的金融范畴里，而比较少地进入经营性的金融范畴里。这也是金融发展出现"脱虚向实"的根本原因。金融对实体经济企业的帮助不仅可以起到融集资金的作用，还有降低经营风险的作用。例如，企业财产保险就是为了减少企业财产损失而导致的企业经营失败，融资租赁就是为了减少企业固定成本上升而导致的成本过重的经营风险。甚至，在西方，有可以让农民进行与天气变化有关的金融产品的交易来帮助农民在经营中降低其庄稼收成因为天气变化带来的经营风险。当然，中国刚刚开始的债务证券化（及将来可能的资产证券化）可以理解为经营性金融发展的一种。经营性金融发展是需要根据各个地方、各个行业、各个企业结构而进行得很具体和细致的金融政策引导，以及资产包与债务包组装的个性研究，这里需要的就不仅是金融方面的专家，而是了解实体经济结构、企业经营结构及原理的管理会计方面的专家，因为企业的经营结构和原理都隐藏在企业的资产负债表和利润表里。归根结底，经营性金融发展的目的是帮助企业通过对经营性"杠杆"的水平降低来缓解企业的经营压力和风险。在后中国制造时代，经营性金融的发展将可以帮助实体经济的经营性"杠杆"灵活化，例如，通过融资租赁和债务证券化，实体经济企业便可以实现将以往需要大量集中的固定性成本进行套现，实现资金回归和再投放经营中。

在上面的"现象二"里，我们涉及中国企业"造"得好，外国企业"卖"得好的问题，直至今日，这都是让中国企业感到十分困惑的事情。同样一件商品，从中国企业制造开始，到销售给其他国家的企业，再到其他国家的企业销售给终端市场为止，这样的几次销售行为中，中国企业都是做最辛苦的制造性工作，赚最少的利润。更为讽刺的是，中国人有时会需要再到国外以高价格买回中国制造的产品。对于这种"怪象"，有人说这是外国企业品牌的积累效应，也有人说这是外国企业的研发能力。虽然这些说法都零星地指出了一些原因，但是，都没有对"造"得好和"卖"得好的"怪象"进行系统性的梳理和解释。当然，前面我们也通过"有形"和"无形"的不同成本形式，对这种现象进行了企业经营上的解释。下面我们将站在更宏观的视角，也就是国家角度来对这种"怪象"进行理解。

"杠杆"是一个大家很熟悉的生活概念，阿基米德的名言"给我一个支点，我可以撬起整个地球"更是响彻宇宙。尽管如此，商业中的杠杆原理却是一个个十分专业和重要的经营原理。中国制造时代，中国制造整体成了全球经营的一个支点，而非撬动者。中国经济改革开放时至今日，许多领域的专业人士（如经济学家）都讨论了中国经济的金融杠杆问题（如债务的偏高）。金融杠杆不管对于国家或企业都具有偿还风险的存在，而对国家更是有货币贬值和通货膨胀之忧。但是，对于实体经济企业的经营内容来说，金融杠杆只是杠杆之一，经营杠杆是实体经济的另一个杠杆，而这个杠杆一直鲜为人知。在这里，我将尝试通过经营杠杆原理来探讨中国制造时代的实体经济整体和企业个体出现的被动性。

经营杠杆（Operating leverage）在管理会计中的理解是由企业的变动性成本和固定性成本的相互作用而来。一般来说，对经营杠杆中的固定性成本和变动性成本的理解会较为局限在管理会计本身。换句话说，对固定性成本和变动性成本的比例关系构成，更多的注意力会被放在其比例关系对企业的收支平衡点（Break-even point）和息税前利润（EBIT）的影响。但是，由固定性成本和变动性成本建立起来的经营杠杆关系事实上是企业经营模式上实现创新和改革很好的"药引子"，企业需要充分和灵活地运用和调整经营杠杆关系以达到企业整体经营模式的创新。例如，中国国内生产总值（GDP）的增长由过去的双位数到现在的单位数（2018年预期为6.5%）的变动，意味着行业和企业现在的增长无法像过去一样突飞猛进，进而意味着企业的销售会有所放缓或者下降，而销售和息税前利润之间由企业的经营杠杆而出现的关系会指向企业或许该考虑降低企业的经营杠杆，而减少销售放缓或者下降给息税前利润带来的负面影响。要通过降低企业的经营杠杆而实现负面影响的减少，企业就需要把整体成本中固定性成本的比例降低和变动性成本的比例提升，那么，企业在具体操作上就可能需要把原先的全职（Full-time）员工变为兼职（Part-time）或者临时（Casual）员工，把部分原来企业自己操作的业务内容进行外包（Outsourcing）等。这样经由经营杠杆原理而实现的企业操作具体改变可以很好地辅助企业达到整体经营模式创新和改革的目的。以下公式用来计算企业的"经营杠杆系数"。

经营杠杆系数 = (销售收入 - 变动成本) / (销售收入 - 变动成本 - 固定成本)

经营杠杆的主要目的就是通过企业的整体成本结构来撬动企业的经营利润。杠杆越大，企业的销售收入增大，那么能撬动的利润就越大。从单纯的管理会计角度来看，通过上面的公式，我们可以发现企业的经营杠杆取决于整体成本结构中的固定成本和变动成本的比例。企业的固定成本在整体成本结构中占比越高，经营杠杆越大，那么利润就会随着销售收入的增加而增加。经营杠杆对改革开放初期的中国制造是十分有益的事情，因为制造中需要大量固定资产的投入，而且早期中国本身的市场需求十分巨大，那时企业可以在利用经营杠杆的同时，通过一直追加固定资产的投入再不断加大杠杆。所以，在中国制造时代，许多企业赚得盆满钵满，因为投产越多就会赚得越多。

但是现在的市场竞争越来越激烈、行业自身的饱和度高、产品的同质化、互联网的高度发达而使得客户的信息对称度提高，从而使得消费行为的理智度和识别度都大大增加，全球化的高速发展让各个国家的法制（Rule of law）需求的增加而使得企业越来越要遵守市场规则的竞争等。后中国制造时代，企业的销售很难做到像以前那样多和快，因此加入固定成本的投入不但无法像以前那样利用到经营杠杆，相反会引起经营杠杆的反作用。那就是企业的贡献边际（为经营杠杆里很重要的一个概念，在此不做细述）追不上固定成本的消耗，而导致企业不但没有使用到经营杠杆的撬动作用，反而使得固定成本成为一种企业负担。这是许多企业不明白为什么现在的企业经营好像相对以前比较难维持，从企业自身角度出发，就是因为经营杠杆效应在现在企业经营中的失效。因此企业在后中国制造时代需要很谨慎地审视自己的整体成本构造和比例。

这里我们再进一步利用经营杠杆原理来理解中国制造和其他国家的商业关系。实际上，根据经营杠杆原理，刚刚说过，在中国制造时代，中国在全球的经营杠杆中属于一个支点角色，而不是撬动者的角色。因为中国制造就是中国企业进行大量的固定资产（如机器设备）投入，这些固定资产必然导致大量的固定成本，而后企业将这些固定生产成本结合人工成本后，对原材料进行加工转换成商品。这样固定生产成本、人工成本和原材料成本就都被转换成存货成本进入仓库，而他国企业在中国制造时代购买多少中国商品在会计的计算上就是买多少算多少，这样随着数量而变化的成本就是一种变动成本。因此对中国企业来说趋向于固定成本特性的成本，在他国企业的经营中就成为他们企业经营成本结构上的一种变动成本。这样其他国家的企业就拥有了经营杠杆调整的主动权，可以随时调整他们企业的经营杠杆来减少他们的经营风险。同时，又可根据这种客观存在的成本的特性转换关系，根据实际经营状况随时对他们自己的经营杠杆进行加大和减小的灵活处理。相反，在这种情况下，由于中国企业大量的固定资产投入而产生在经营上的杠杆效应，而这个杠杆的有效性又取决于其他国家的企业的订单量，这是一个中国制造时代下中国企业的实际存在的经营弊端。因此，总结来说，整个中国制造是其他国家在经营中的一个可调整的经营杠杆支点，而中国制造对中国企业来说本身无法形成一种伸缩性很强的经营杠杆。

要想有效利用经营杠杆，除了对固定成本和变动成本比例的合理调整外，还有就是要跳出经营中的生产环节，掌控生产环节前面研发端和后面销售端的主动权，再有就是上面提到的将企业经营的固定成本通过经营性金融产品的处理而实现固定成本的灵活化。很明显，在中国制造时代，中国企业低成本的制造优势并无法有效地掌控研发端和销售端的主动权。中国企业只有在成本链条上成功创造和输送有效的市场需求价值，才可能对销售端拥有主动权。这样也才可能做到通过对整体成本进行结构性调整后，真正达到拥有经营杠杆主动权来为企业撬动利润缔造有力的基础。

5 管理会计

5.1 管理会计简述

随着科技的进步，会计从珠算、计算器、会计软件（如金蝶软件、MYOB、SAGE 等），到云会计及区块链技术，出现方式上的不断转变。这些具体形式的会计转变通过其字面性的了解，十分容易看到每一种形式是如何得到实际应用的。但是在会计的意识形态上，从会计的意识转变和升级在中国经济和企业中相对于会计具体形式转变的速度，显得不怎么对称。从财务会计到管理会计的意识转变和升级没有得到十分及时和有效的发展。当然，国内这种会计发展的滞后不是由一个单一因素，而是由多种因素导致的困局。在未来的中国，财务会计的日常工作内容将会伴随着会计机器人（人工智能）和云会计的科技发展越来越简化，越来越非专业化。以后对财务会计中的财务报表制作和财务记录处理的人员方面的要求，会因科技的不断发展带来的便利，更多的只是需要一些非专业性的数据输入人员。那么，未来对专业会计人员的作用和专业要求将会从简单的记账角色到重要的管理角色的升级转变。更有，未来会计人员对财务会计背后原理知识、管理意识及管理会计知识的理解和掌握程度将决定其能涉及企业管理需求和给予帮助的具体层面（操作层面、管理层面、战略决策层面）。从这里来看和归纳性的描述，会计作用和功能由于取代端的存在，其延伸端的发展进行值得关注和重视。

从管理学角度上来讲，财务会计是以资产负债表为先、利润表为后的思维模式，而管理会计则相反，管理会计以利润表为先、资产负债表为后。财务会计由企业融到资金，然后使用资金进行资产投资，再通过对资产的消耗来维持企业的经营，最后达到盈利的目的，而逐步根据这些企业行为在时间上发生的先后顺序来进行一一记录。管理会计则不同，它通过预测企业的经营行为上的产品和服务相关的销售收入和费用水平，再来预算企业需要多少资产来支撑其所需的经营行为，最后计算需要用于投资这些资产的资金来决定其融资行为。如图 5－1 所示。

财务会计的数据处理次序：

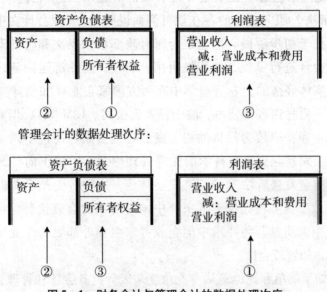

图 5－1　财务会计与管理会计的数据处理次序

另外，可靠性（Reliability）和相关性（Relevance）这两个特征也是可以作为区别财务会计与管理会计的另一种办法和思路。财务会计对数据处理的原则相对比较保守，因此对数据的讲究是越可靠越好，那么从时间上来讲，存在越久远的数据便越可靠，这种历史性的数据属性便是财务会计对数据可靠性要求的一种特征。反观管理会计，管理会计处理数据的属性是未来性，要求处理与未来可能出现的现实环境和情况相关性比较强的数据，因此，与财务会计数据要求不同，这里需要的是数据在时间上越新，与企业未来的经营操作就越相关。那么，这种未来性的数据属性就是管理会计对数据相关性要求的一种特征。这种由对数据的作用要求所导致的不同特征便是对财务会计和管理会计另一种方法的理解。

一般情况下，企业在经营过程中都有两套会计账。其中一套叫财务会计账，这套账的制作过程在哪个国家都一样，属于制度性账，企业只要根据其经营地所在国家要求的会计法律法规进行制作就可以。而另一套账在中国企业和其他国家企业里的理解和侧重点却有着根本上的不同。对于中国企业，这个另一套账可能更倾向于税务上面的用途和需要，而对于其他国家的企业，另一套账更多的是运用管理会计的科学知识帮助其盈利目的的实现，也就是我们一直不断提到的，管理会计（账）。企业无法忽视管理会计带来的价值，因为它在其他国家已经被证实是非常有效的（这从其经济体中存在的大量"商业方案解决"服务企业的存在就可侧面说明）。管理会计在中国目前的整体水平尚处于初步阶段。这也是为何财政部频频发文和呼吁调动国家和社会对管理会计进行重视，并积极引用。当今，能熟练运用管理会计的先进原理助力实体经济的企业普遍集中在西方国家企业（如全球"四大"会计师事务所、麦肯锡咨询公司、波士顿咨询公司、IBM等），但是由于对管理会计的陌生和普遍较为昂贵的相关商业咨询费用，使得中国企业自身无法通过咨询公司接触到这些科学的先进管理理念。中国正向"高速度增长阶段进入高质量发展阶段"的经济发展转变，这种转变预示着以往"中国速度"的有效率优势将让位于未来"中国质量"的有效优势，可以较为准确的预测"中国质量"将要求中国企业寻求企业外部更为专业更为科学的咨询和协助，如管理会计。

最后，如果简单和纯粹地从专业角度来区分财务会计和管理会计，可能更多的会是一些专业术语和专业原理的不同。因为本书一开始就提过要避免给非专业人士带来的学术枯燥感，那么不通过专业性描述而要快速和简单地将二者区分只能再次依赖中华民族博大精深的文化和智慧。我们可以通过中华民族的智慧来很好地解释两者之间的不同，这便是，"谋定而思动"和"欲速则不达"。这两句话蕴涵了管理会计和财务会计从根本上可以给企业带来的不同作用和影响。"谋定而思动"是诠释管理会计里如何通过对企业要达到预期的销售和盈利的目的而进行的一系列对这些预期有支撑性且需必备的企业经营活动行为的预算和计划。"欲速则不达"则说明财务会计由于缺乏预测和预算功能，只拥有记录的作用和功能，故其只能满足事后性和历史性的追踪企业对资源和资金消耗的情况，这种事后性和历史性的数据能给企业带来的往往是一种事后诸葛和颇为无奈的描述作用。管理会计中的计划、控制、预测、预算和激励等功能和技巧工具则改善了财务会计的历史性和滞后性弊端，使得企业能够通过财务数据充分地进行预先性的"谋"与"思"的行为和目的。

5.2　管理会计的成立前提

世界上，任何科学的成立都有一些前提性和前提假设性条件存在，然后才有相关科学的整个体系和具体内容。管理会计作为一门针对企业的商业性学科，我们不能只关注其中的技巧和工具，而应该进一步地探讨这些技巧和工具存在的意义。这就需要回到对管理会计最本质的存在前提进行研究。下面我结合了各个方面已有的资料和自己长期对管理会计研究的结果，对管理会计这门科学存在的前提性条件进行了八个条件的归纳。

管理会计的成立前提之一，资金来源和资金使用是两码事。就像现在中国政府提出的清理"僵尸企业"一样，企业资金再多，不能有效使用也无济于事。在前面章节我们提及过，现在中国政府一直致力于盘活各个渠道的资源和资金，如证券、银行、风投、民间等，但是，任何国家的经济体本身即是虚实结合体。企业和任何机构在得到这些由"虚体"（金融）经济引来的资源和资金后，需要面对的问题就是该如何有效地科学使用这些资源和资金。这便是前面讨论过的管理会计解决企业的 3/4 问题。

管理会计的成立前提之二，无论多大或多小的企业，它所掌握的资金特性都是有限性。既然资金具有有限性，那么企业就应该进行有效投放、主次投放、精准投放。企业需要使用资金的地方永远比企业拥有的资金要多得多。管理会计就是使企业能够有效进行科学的债务股权配比，资产结构配比，自产外包经营配比等的测算和评估。

管理会计的成立前提之三，没有数据，就没有管理。管理要有所依（科学），管理要有所需（市场需求）。在前面"结果导向"企业管理的章节里，我们用了许多实际发生在企业经营中的现象和例子，讨论了管理会计对财务数据在企业管理作用中的客观和科学识别能力，更探讨了管理会计和管理方法的主次关系。企业可以通过学习书籍和其他渠道了解各种各样的管理方法，但是每个企业的具体情况不同，需要管理的侧重点也不同。这些管理方法只有在企业通过管理会计发现企业具体和实际问题后，才可以具体被选择地采用。例如，管理会计的测算技巧和工具，能够帮助企业发现到底要管理的是人事、市场、运营，还是流程等。这样企业才不会空洞和无针对性地谈论企业管理和实践企业管理。

管理会计的成立前提之四，会计本身是一种无法被计入会计账簿的企业资产。企业能对一台机器设备为企业带来的效益进行有效认识。但绝大多数企业无法对如何科学使用管理会计体系和原理为企业创造价值进行充分和具体理解，这种"无法"对于企业不是"无用"，而是由这种"无形"资产的特殊性所决定。会计里面的任何一个数据的产生事实上本身就是通过企业的资源和资金的付出交换而来，所以会计必须被资产化理解。因此管理会计就是要让企业使用好这个特殊的"财务数据"资产和可以对其价值有效挖掘的科学方法。

管理会计的成立前提之五，财务会计是历史性数据，管理会计是未来性数据。财务会计是让企业知道发生了什么，而管理会计是让企业掌控未来发生什么。这样对过去和未来的贯穿和联系作用帮助企业实现了不间断（Ongoing）的经营目的。

管理会计的成立前提之六，管理会计使企业在对外部和内部环境条件的客观理解和运用下得到战略性优势。企业的战略性优势可以来自资源（如技术、品牌），也可以来自商业模式的整体构建和创新。对管理会计的运用就是通过数据对企业的人事、结构、制度、流程和管理进行有效调整和优化，帮助企业找到和建立起战略优势。

管理会计的成立前提之七，企业的经营目的主要是销售和盈利。只有在有销售的情况下，企业才可能有盈利的机会。如果没有销售行为，企业的盈利结果就不可能发生。再有，企业的销售主要依赖于企业的内力成本和推力成本。例如，研发成本为一种内力成本，它能有效提高企业商品和服务自身的竞争力来达到销售的目的。推广成本则被视为一种推力成本，它能辅助性地推动企业商品和服务的商业化和市场化来实现销售目的。企业的成本结构则需根据企业的战略定位和战略制定所采用的经营模式来进行不断调整和优化。财务数据是企业经营和创新的一条绳索，企业只有握着这条绳索才不会在调整和优化过程中迷失，也才有在未知的未来实现稳步前进的可能。

管理会计的成立前提之八，企业的经营、投资和投机行为虽然都可能为企业带来盈利，但是投资和投机行为不是管理会计的主要讨论范围。管理会计针对的是企业正常的业务经营的统筹性思路和方法。管理会计里的知识和方法包括帮助企业制定合理的市场价格及降低非市场性成本；通过企业的销售额预测来合理配置企业的资源和资金；通过财务数据分析企业的经营和管理问题；通过企业管理需要和会计原理对企业的财务会计进行整体的会计科目体系建设引导，并且就财务会计的记账科目进行企业管理性需求的配合和互动等。

5.3 管理会计的未来性与预见性作用

管理会计一直都强调其对企业经营未来的作用，通过其对数据的未来性应用，在根本上与财务会计的历史性应用进行本质区分。在上面八个管理会计成立前提条件的描述和理解中，管理会计与财务会计虽然不同，但并不是独立分开的，更多的是一种紧密互动作用的关系。例如，管理会计可以利用财务会计中的历史性财务数据所建立和推演出来的趋势性观察，再实现对企业经营的有科学根据的未来性调整。财务会计也可以根据管理会计反映的企业管理需要来进行财务数据上有针对性的会计科目设立和跟踪记录。

另外一个一直被强调的事实是，财务会计所处理和记录的数据都是过去式和历史性的，它与管理会计的互动可能通过（不局限于）"因果、预警、优先、差异、标杆"等关系来对财务会计数据进行推演和透析，实现对未来性数据的进一步推算和提取。另外，通过对这些关系的梳理和深入，对企业经营操作和流程进行重新认识和构造，从根本上创造企业创新的机会且实现创新的可能。这里我们就所述的因果、预警、优先、差异、标杆五种不同的管理会计上有关的财务数据关系如何对企业实现未来性的影响和作用，进行简单的如下说明。

因果关系："诊断"是管理会计的基本和重要功能之一。这种"诊断"是由因果关系的推敲形成一种倒逼机制来寻找引起问题的原因，进而及时防范与解决。我们用一个简单常见的例子来初步地认识一下所提的企业经营上的因果关系。例如，某企业的产品生产效益和效率低下，在进行简单和直观的调查后，发现存在的可能原因有三个：一是机器设备落后；二是原材料采购质量不好；三是工人技术不成熟。通过管理会计里的技巧和工具进行检测和排查后发现的事实是，机器设备虽然落后，但是运转属于正常；原材料根据其所采购价格相匹配的质量也是合理的；工人的技术比同行竞争者的工人技术更熟练。在这些事实面前，继续使用管理会计里的原理对数据进行详细的科学构建与运算分析后，才发现问题的原因并非出在与产品具有直接关系的生产部门和采购部门，而是与问题发生间接关系的人事部门，因为人事部门所制定的相关人事政策引起工人的不稳定性和高流动性，导致生产流程和时间上的浪费而引起低效益和低效率局面。因此，该企业在未来，便能对人事政策有更为清晰的正确调整，进而解决企业的实际问题。

企业的整体运转是一个十分科学的商业机制，机制中的各种关系错综复杂。如果把企业形容成一台机器，那么就是一台以资金为原材料，进行战略制定和企业经营管理的过程，进而通过战略的成功实现而产生更多资金的结果。企业这台"机器"内部自有它的科学构造和科学原理，只有通过科学的方法和技巧才能弄清楚企业商业操作里的千丝万缕。由于企业是由人进行控制和操作的，难免会由于人类的主观性而引起表面性判断和错误。因此为了避免这种人为的主观，加强商业的客观，财务数据的科学认识和科学运用对企业来说是一种具有不亚于任何企业研发或企业其他核心竞争力的重要地位。面对在当今全球化和信息化的商业环境，企业具备这种客观能力在企业的生存和竞争力问题上显得尤为重要。企业始终要坚持认识和意识到，财务数据是一种无形资产，而如何使用好这种资产与如何进行商品研发，如何推广企业品牌等问题具有同等重要的商业战略意义。

预警关系：企业在通过运用管理会计对财务数据进行合理规划后，就会发现可能存在的资源上的缺乏或者操作上的不足等问题。例一，某餐厅计划明年的销售额增加30%，但是却发现餐厅的空间和桌位有限，无法从销售数量上对增加30%销售额的支持。该餐厅或许只能提高价格（因为销售额＝销售价格×销售数量），那么要提高价格，企业就需要提高其食品供应和服务质量，也就必须相应地改变和升级原先的企业操作。例二，当企业的债务偿还压力增大时，企业便可能考虑库存的加速清理来实现现金回流加速，库存快速清理就需要考虑寻找新渠道、新市场或新营销方案，甚至需要思考更深层的问题。通过这两个简单和直接的例子可以发现这种预警作用涉及的问题不仅是财务上的问题，更多的是通过对企业财务上的管理会计处理起到的预警作用，而实现对企业经营和操作内容的指导性和过滤性的审视，最终达到企业能及早发现和理解问题的根本，并对企业未来可能出现的问题进行预见性的避免和调整。

优先关系：这里指出的是资源和资金的有限性。任何一家企业的资源和资金相对于商业需求或机会永远都是远远不足的。因此，企业在发展旧的商业行为和投资新的商业行为的时候，都需要对资源的利用有先后配置的管理认识，例如，哪个项目先、哪个项目后；哪个费用先、哪个费用后等。这个先后性将根据企业商业行为的战略意义、市场价值需求、费用占用比例的大小等条件来安排企业资源和资金的消耗层次，而企业的这种消耗层次是直接对企业的具体操作内容的一种反射。因此，对资源和资金消耗进行有先后的层次认识就是为了对企业的未来操作实现科学的导向作用，最终通过对企业资源和资金一直进行优先关系的理解认识和调整安排而不断提炼企业的经营思路和具体内容。目前，世界 500 强企业中的一些企业已经通过"战略管理会计"对资源和资金不仅进行先后性利用的实现，而且做到了资源和资金机动性使用的可能，通过这样先后性和机动性的结合来使得有限资源和资金的最大效用和效率化，同时，这种最大效用和效率化的追逐本身就意味着企业经营上的升级。

差异关系：企业所熟悉的企业管理体系，如全面质量管理（Total Quality Management，TQM）、准时制生产方式（Just－In－Time，JIT）等，都与管理会计科学息息相关。更为准确地说，这些企业管理体系都是在通过对管理会计的具体实践后，而对其进行数据采集和观察所进行的结构性归纳总结。再有，这些体系主要是建立在管理会计学中，对差异化和成本化管理会计技巧和工具的实践应用。差异关系一直是管理会计中为服务企业管理需要较为常见的一种财务数据关系梳理和运用。企业通常会对销售和经营成本分别有计划性和规划性地测算和控制。那么如果企业实际经营不断偏离这些计划性数据，企业就会对未来经营有客观调整的依据，即及时做出改变原计划数据还是改变未来经营操作内容的相关判断。例如，企业在 2×16 年 12 月，预算明年整年的企业经营成本是 2400 万元（每个月 200 万元），截至 2×17 年 10 月，企业核算出的实际经营成本已经达到 2200 万元，那么企业就可能调整原有的经营计划和思路，让其在该年 11 月和 12 月的经营行为和经营内容得到及时和有效调整，尽量让其原来规划得到无差异或优化实现。

标杆关系：标杆关系和差异关系在管理会计中的运用往往会给人相似的感觉，但是差异关系的理解侧重点在"差"，而标杆关系的理解侧重点在"追"。在标杆关系中，企业将一个最好的自身或外部财务或非财务成果确立为一个标杆（榜样），然后通过探讨如何对其进行追逐，以达到标杆为目的来确定企业未来需要做什么。这个标杆可以来自企业本身或者外部竞争者。例如，企业的利润在某年的 8 月最高，且这年 10 月的利润与 8 月相差 10% 。那么，企业如果想要在 11 月追逐这 10% 的利润差距，就要对价格、销售数量和成本进行相应地提高、增加和减少。这些相对应的企业操作变化会对企业的研发投入、推广投入和成本规划在未来需要如何调整有一个具体的财务数据上的未来计算，此时的管理会计数据便具有未来指导性作用。最后，对这个标杆的设立需要客观、现实和可行，否则就会失去对未来的指导作用和意义。

穿梭于管理会计中的这五种关系需要整体理解认识，它们各自并不独立存在。只有通过对这五种关系的综合性理解，才能更好地把管理会计对企业数据的未来性和预见性作用发挥得更加充分和有效。

5.4 管理会计的传统性技巧与工具

上面提到了管理会计对企业经营的未来性作用。那么，这个未来性作用的具体发挥又依赖于管理会计中许多的传统性技巧和工具的掌握运用。这些技巧和工具不仅能为企业提供在未来经营的指导帮助，而且能够帮助企业主动和积极地创建盈利的可能条件。以下是几个管理会计的传统技巧和工具的举例说明。

—— 可持续增值率计算（Sustainable growth rate）：这个工具是通过对企业销售的合理预测后，对各种成本和资产进行合理预算和安排，使得企业在充分利用其借贷能力的情况下又不会损害原来的资本结构，即负债和所有者权益比例。

—— 最佳库存水平计算（Optimal stock level）：库存如果过多，那么就会带来货品和资金的积压成本、货品的损害和过期成本、仓库的管理成本，这些将会增加企业的整体经营成本。但是，如果库存过少，企业可能无法对客户的购买要求及时满足，而导致企业的销售和盈利损失、信誉损失和客户投诉等成本和负面情况的出现。因此，企业需要将其库存量维持在一个科学水平。库存周期日期计算就是能帮助企业对库存进行最佳水平的合理和科学控制的技巧和工具。

——资金链周期计算（Operating cycle and cash cycle）：企业经营活动的资金链就是从企业付出资金到资金流回企业的一个周期。那么这个周期将会涉及应付账款、应收账款、库存货品、现金四个主要控制点。这四个控制点形成的企业经营周期和现金流周期很大程度上可以监测和检测企业经营活动的资金链健康状况。

—— 差异化分析（Variance analysis）：差异化分析是前文讨论的"差异关系"的一种具体技巧和工具。企业涉及的营业收入和营业成本都是由各种单价和数量构成的。例如，营业收入等于销售单价乘以销售数量，营业成本等于商品的成本单价乘以商品数量，水电成本等于水电的成本单价乘以水电用量，依此类推。那么当企业在无法完成预期利润的时候，便可以用差异化分析技巧来了解企业的盈利能力的具体问题所在。

—— 目标成本计算（Target costing）：企业经营不能忽视宏观环境和微观环境的存在。企业商品和服务的价格与成本关系，不可能以企业的意志为转移。换句话说，企业的各种价格和成本制订都会受到竞争者和市场的各种制约。除非垄断或类似垄断性质行业里的企业，其他行业的企业都没有较大的市场定价权。在没有定价权的情况下，企业更多地只能在行业性价格的指引下对企业的经营成本和整体的成本结构进行探索。管理会计的目标成本计算技巧和工具能够帮助企业对其整体成本进行科学化和市场化的优化。

—— 各种比率（Ratios）：企业的财务数据就如同企业的身体健康指数。企业如果无法对这些数据进行专业和科学的解析，便不容易发现自身存在的一些经营和管理问题。财务会计的数据独立性很强，而管理会计能帮助这些数据建立联系以帮助企业了解其整体经营上的结构性，那么这种管理会计对企业数据的结构性建立便是依赖于各种数据与数据之间的比率计算这个技巧和工具而来。管理会计中有许多不同的比率计算公式用来检测企业的整体健康情况。例如，速动比率、资产回报率、利息保障倍数、负债权益比率等。

5.5 管理会计与创业

5.5.1 创业的主观方面与客观方面

企业经营对于创业者来说是一个较为模糊的概念，因为创业者一开始便可能过多地在产品或研发上消耗精力，而忽视企业经营中其他商业环节的需要。

创业成功的主观方面依靠兴趣和意志力，客观方面依靠对商业机制的理解和掌握。创业成功主观方面的需要也可以解释为什么创业者喜欢类似人物性励志的故事，因为这能让创业者产生意志力驱动和坚持。但是，由于创业是一种市场行为，既然是市场行为，创业者就必须面对许许多多客观存在的事实条件，包括竞争的事实。创业的成功率更多的决定于对市场规律和客观事实的认识和遵循，而非主观和意念性的事物。例如，所有人都会很喜欢自己亲人烹煮的食品，但是这些食品进入到市场可能无法取得商业上的成功。相反，一些时常受到非议的非健康食品，大家可能还是会忍不住地去买了一次又一次。遵循市场规律指的不是一种好或坏的产品那么简单，而是指出一系列企业经营活动和行为，包括这些活动和行为存在的关联性。由于对企业经营的整体性缺乏系统了解，创业者很容易忽视对企业经营的活动和行为存在的关联性进行了解，继而取代的是直接进入对自己所经营商品的"独特性"理解。所有创业者都想要致力打造一种独特（或者更好）的商品和服务，或者都觉得自己的产品和服务是独特（或者更好）的，而忽略了外部环境（宏观和微观）的存在性事实和规律，商品和服务的独特性除非具有绝对性优势（如专利、突破性科技），否则这种"独特性"对于绝大多数创业者来说更多的是一种主观性理解。在这个接近饱和的商业环境中，创业者事实上都是在已经存在的市场、商品和行业上进行的创业行为（如开个新餐馆、开发个新应用），因此，无论自己的商品和服务有多好，都是需要面对直接竞争者、间接竞争者及其他客户价值满足取代者的市场争夺。因此，失去了对商业宏观和微观环境存在的理解情况下，创业者无法对所拥有的资源和资金进行科学使用以便达到对各个经营环节进行外界针对性的协调发展，从而导致对资源和资金的无序分配，最后致使创业失败。

　　另外，有些创业者在不能理解成本和收入之间的客观商业关系前提下，希望尽快回收投入成本的急迫心态也会加剧创业的失败。有一部分创业者在"高风险，高回报"的商业心态驱动下认为，投入越多越大，收入就会有可能越多越大。事实上这是一种商业的投资思维，而非企业的经营思维。企业的经营成功在于其对科学的经营思维的理解和运用。因此，把投资思维而非经营思维运用到企业经营中很容易造成一种经商上的"错位"。这种"错位"导致的后果会是创业者基于对成本回收的迫切心态，无法对其商品和服务进行价格上的合理调整。在价格由于高成本而造成的"居高不下"的局面，非常容易促使创业者在无法科学理解商业具备客观性的情况下出现与市场僵持的局面，从而错失企业的收支平衡点和后期盈利的可能性。从管理会计的战略性角度来表达对这个创业环境中客观存在的困局，就是创业者需要尊重成本和收入的市场价值关系（这种关系会在后面具体讨论），而不是简单的数学关系，这样才有可能透过数据的表面现象查找到数据背后的本质事实，进而调整经营思路和方法来提高创业成功的概率。

再有，创业者借助于"新"进行创业。但是，对"新"的认识是比较片面的，这种对"新"的理解的片面性事实上不仅存在于创业者中，也存在于创新者中。目前绝大多数商业参与者对"新"的理解普遍局限于新产品、新设施设备、新装修等的商业行为，却无法对市场价值的"新"进行有效认识和科学认知。例如，同一个行业的新公司里面的一切资产和办公设备都是新置的，却依然吸引不了同一个行业旧公司的客户和市场。这就是"新资产，而无新市场价值"的创业（包括创新）的商业认识误区。这个例子说明的就是一种商业传统中对"新物质，旧市场价值链"无法突破的重要问题。在产品、企业甚至行业存活周期不断降低和缩短的情况下，企业要增强竞争力不能仅仅是对产品进行"新"的创造，更要对整条市场价值链进行有效和经常的提升，这样才有可能创造出新的市场价值，而这对于市场才是真正意义上的"新"。

简单来讲，创业者高失败率的根本原因在于创业者对其所持理念进行商业化的失败。创业者的理念是一种主观性的行为，而商业化是一种需要做出来的客观性事件。最为客观性和科学性的莫过于数据性事物，尤其是财务数据。通过财务数据的客观性来使得创业者的理念具体化，再在具体化里面进行不断提炼和提升，这便是能使创业者提高其创业成功概率的基本方法和原理。同时，上面提到的管理会计的各种技巧和工具，能通过数据的科学性和客观性帮助企业调整和优化，达到经营之道需要具备的客观性、商业性、市场性和竞争性，以坚守企业的盈利底线。

5.5.2　管理会计助力创业

天使投资（Angel investment）、风险投资（Venture capital）或私募股权投资（Private equity）一直是创业者所认为的创业重点。这个重点本身并不存在任何问题，但是如果创业者认为资金就是创业重点的全部，那么这就是问题所在。创业在走向成功的路途上，资金只是创业者的一半问题，另一半问题是如何使用资金。概括性地说，创业成功的概率决定于"如何融资，如何用资"这句话，正所谓"没有钱是万万不能，但是钱也不是万能"。融到资金只是创业者得到投资方的认可，但是市场经济下的商业成功并不取决于任何性质的投资方，只取决于市场对经营者提供的商品和服务的认可。企业只有通过其对有限资源的科学消耗（成本）和通过这种消耗行为构建起来的商业模式的整体才有可能得到市场认可的机会。再有，创业者很容易在不经意中进入一种模仿型的创业状态，会模仿其他创业者或者成功者的经营模式或者管理模式，而无法结合自身的特点进行自我创业行为的科学性再经营和再创新。对创业者主观意识的抑制和平衡来实现商业上的成功，在很大程度上财务数据的客观性作用具有决定性。下面，就管理会计能给予创业者的具体帮助进行简单的讨论。

第一，资产负债表和利润表如同企业的两只脚，讲究在行走过程中一左一右的协调性和稳定性，这样企业的经营才可能取得成功。资产负债表的资产过大则可能引起过度的资产消耗和浪费，进而削减盈利。例如，企业购置过多的固定资产，这些过多的资产将通过折旧的方式进行每分每秒的自然资产消耗。这种过度的资产消耗是对企业创利水平的一种拖累。反观另一种情况，利润表的销售过大则可能引起资产对销售水平的支持或支撑不足，造成经营混乱的局面。例如，企业销售增长过快而导致企业产品库存短缺，或导致企业生产、物流和管理的紧张和崩裂。创业性企业和非创业性企业有一个很大的区别在于，创业性企业的资产负债表和利润表的科学发展和比例关系没有前期的数据支撑，而非创业性企业在前期经营和发展了一段时间（几年或几十年），企业便会有财务数据的大量产生。那么，非创业性企业就可以根据这些数据，在发展过程中对企业的有限资源起到参照性作用，企业可以根据这些存在的财务数据对资源进行合理预判和预计。但是创业性企业缺乏必要的财务数据的科学依据和支持，因此无法对其有限资源进行有效认识和系统性规划，最终可能产生资产负债表中的资产和资金，与利润表中的销售和利润之间出现不平衡（头重脚轻或头轻脚重），致使创业过早夭折。

第二，对于许许多多创业者来说，往往都希望成功的时间越短越好，因此很容易由于这种冲动和压力导致对有限资源的盲目投入使用，而影响后期的发展需要。相反，创业需要对资源的消耗进行科学计划，才能争取更多的条件赋予或增加成功可能性的创业时间。只有尽可能争取多一些时间，创业性企业才有机会对其利润表里面的成分进行充分研究，而利润表里面的成分是决定企业经营成败的关键。利润表是企业的"造血器"。企业如果无法让其利润表变得越来越好，那么也就从根本上失去了存在的意义和基础。创业性企业的利润表里的各种成本的成熟性还不稳定，整体的经营架构还在尝试和摸索中。因此要时时刻刻通过管理会计的科学运用来关注利润表里面的各种不同经营成本给销售和利润带来的影响。

第三，管理会计里的横向（Horizontal）和纵向（Vertical）的财务对比方法和工具，可以帮助创业性企业通过其与企业自身及与企业竞争者进行客观的对比，来及时为创业性企业进行全面的内外部信息的掌握和分析，并且通过这些信息的科学性起到预警作用，进而帮助企业对其不足之处进行提高、对其擅长之处进行强化。更具体一点，创业性企业可以通过这些财务数据的变化，来追踪和寻找行业或竞争者的走向、企业自身与竞争者的差异、企业自身的稳定和变化之处等关键性信息。

第四，管理会计中的敏感度分析法（Sensitivity）或者假设分析法（What-if），这里统一简称分析法。这些分析法都能为创业性企业对市场性和科学性经营的掌握起到充分的积极作用。分析法不仅能帮助企业对保本线和保利线进行科学性的客观探索，且能通过保本线和保利线的指引为企业在价格和成本结构上进行有市场性的随时调整，使得企业在经营策略和管理上不会主观和盲目。创业性企业一般都需要经历多轮融资和资本重组的过程，在这个过程中分析法起到至关重要的作用。在分析法的作用下，企业可以用自身的财务数据表现与融资概率建立起结构性关系，以让企业更好地进行风险调控、经营调整、预备方案准备等商业行为，使得创业性企业得到创业成功概率的提升和保障。

综上所述，创业者将创业上的主观变为商业上的客观是需要一种市场认知和接受的历程。市场认知和接受的历程中，价格机制、成本机制和市场竞争机制三者对创业成功起着决定性的作用。管理会计中的各种技巧和工具在这三者中所能发挥的科学作用和主导作用是不容忽视和毋庸置疑的。管理会计能为创业者带来的不是一种数字性游戏，而是能起到一种实实在在的对创业者经营上的成功有着概率性提升帮助的作用。

5.6 管理会计与非营利性机构

5.6.1 管理会计的"动作化"理论

西方管理会计一直提倡"动作化成本法"的相关科学理论，很值得处在"创新"风口下的中国各种机构（营利性和非营利性）借鉴。动作化成本法的具体使用方法可以不必有过多了解，但是它所提倡的"成本动机"说（或管理精神）十分值得推崇。这种"成本动机"说从根本上满足了市场价值链的需求，即一个是企业的高回报目的，另一个是企业的核心竞争力形成。

非盈利性机构主要包括政府行政职能单位、公益机构及其他非营利性团体等。在动作化成本法理论中，财务数据就是各种机构的一切操作结果的显性数据，一切操作又是由机构里的一切人和物所执行的所有不同动作汇集而成的。进行反向推论后，要提高企业的一切操作结果就必须对所有不同的具体动作和这些动作汇成的途径进行改良。但是无论是营利性机构，还是非营利性机构，所有机构的动作都具有目标性。动作改良都需紧随机构制定的目标进行，而改良的目的就是为了让机构用更低成本、更高效率完成更多任务。例如，中国许多地方政府近来为了更好地服务和为群众更好地办事，而进行的"最多跑一趟"的目标性改革，在改革前，群众的"不止一趟"办事现实就意味着政府方面也需要多做出工作性流程和工作性动作，那么这些多出来的流程和动作就意味着政府办公成本的上升。在"最多跑一趟"的目标提出后，政府就需要对其工作流程和行为进行升级改造，那么很多不需要的流程和动作就会被去掉，这些去掉的流程和动作也意味着成本的节省。因此，省一个动作就节省一份成本，节省一份成本就多一个服务可能。

上面我们对"省一个动作就节省一份成本"进行了探讨，这里再对"节省一份成本就多一个服务可能"进行解释。任何机构都有服务对象（目标）。那么，企业的操作行为和内容又是具体围绕这些对象和为其创造价值而进行的。因此，非营利性机构虽然与营利性机构的目标有经济利益一面的区分，但在目标和宗旨的另一面是一样的，那就是为服务对象创造更多的需求价值。既然对非营利性机构也有价值创造的条件要求，那么他们一样也有创新的需求，有创新才有可能产生在价值创造上的增加和增强。创新的根本点就是相关机构应该能够具备比以前或相似机构"更好"的服务所针对的目标市场或对象，那么相关机构要实现"更好"的这个目的可能，就需要进行改变和做不同于以前经常和习惯性做的行为和动作。因此，企业如果只是通过加大投入，而不能脱离原行为和动作轨迹，那么便不可能实现创新。因此，在进行逆向思考后，如果任何机构要对服务对象进行增值，就得有效地改变企业一切原有的动作内容和轨迹。更进一步讲，对以前做的一切动作进行重新组织编排以实现新动作模式，便是一切创新的根本（根源），而一切动作重组及新动作的产生主要依赖于对服务对象所需求（或需要）的认识。而一切机构正是通过对资源和资金进行消耗和转换成服务对象所需求的服务（或商品）来实现其非营利性（或营利性）的目的。在任何机构立足于战略点上，管理会计便是通过对资源和资金转换过程和转换结果进行有效化和有效率这两个根本性进行思考和运算，实现资源和资金的精准转换来实现其机构存在的目的。

5.6.2　管理会计的营利性与非营利性运用

现在，我们对管理会计和营利性机构与非营利性机构的关系分别讨论。由于它们的存在有着根本性的不同，对管理会计的运用和侧重点也会不同。所以通过两者间的同异分析和理解，来研究管理会计如何在各自存在形式中分别得到具体使用。然后，对使用管理会计科学理论和方法过程中应该注意的一些事项进行归纳。

从管理会计角度来观察营利性机构及非营利性机构，它们存在的相同点有以下几点：

- 资源都是有限性：无论是何性质的机构，它们拥有的资源不会存在无限性的扩大，因此，需要紧扣开源节流的思路。
- 资源转换过程和转换结果：它们都存在一个相似的转换模式。那就是，资源进入机构主体后，通过一系列的动作和操作处理过程，最后出现某种形式的结果产出，这种结果可以是具体商品，也可以是某种服务。
- 接受对象：都有存在结果产出接收对象。这些对象都可根据某些具体的条件和标准进行目标定位而进行群体性的识别。所有机构的资源转换的效率和效果都由其接收对象来衡量。
- 人事激励：任何办公设备设施的运行最终都依赖于自然人的介入。

因此，它们都需要存在对人类的激励作用以使得相关人员达到理想的工作状态。

● 流程和程序规范：任何机构都存在业务流程和程序。这些流程和程序都需要进行规范化和标准化管理。

● 责任与权力分配：所有机构内部都有岗位分配制度，也存在权力越大责任越大的相同点。

以中国的具体情况和实际环境来对管理会计在营利性机构和非营利性机构里使用会得到不同结论，根据以下几方面进行理解：

表 5 - 1　　　　营利性机构和非营利性机构的管理会计特点

	营利性机构	非营利性机构
属性	参与市场竞争，需要利润产出，属于利润型机构	主要以服务人民为主，无利润要求，属于费用型机构
目的	利润、上市、融资、人才、竞争	服务效果最大化、程序标准化、责任制化、竞争意识较弱
环境影响	受市场外部的影响比较大，不仅受市场需求影响，还受其他市场元素的影响。例如，行业动向、竞争对手	受外部的社会民生需求影响比较大，无具体的行业动向或竞争对手等相关意识和理念
发展思路	存在许多扩张性发展思路，例如，区域性（全国、全球），客户性（店面、超市）等	功能性和便民性的扩张性发展思路。例如，税务职能只能发挥税务的功能而不能取代工商功能，因此能发展的思路只能是通过效率、准确、服务人数等来考虑
运营模式	商业模式，侧重商业性的包装与宣传	奉献模式，侧重政策性和理念性的传播
目标市场（对象）	无区域性限制，主要考虑市场需求、支付能力	局限于区域性和行政作用性，主要考虑对象主体需求的紧急性和需求相对性

总而言之，通过对营利性和非营利性机构多方面的相同和不同之处进行比较后，对管理会计使用也会出现相似和不同的地方。基于相同点，营利性和非营利性机构应该通过对其服务对象（目标）的需求进行详细了解和掌握，达到需求定位的目的。其次，根据管理会计的知识和原理对其业务流程和程

序进行"无机性"的科学制定，以达到将资源进行合理有效的转换后，实现最大化满足服务对象的需求。再次，在业务流程和程序制定完成后，组建好相对应的人员责任和权力划分。最后，通过管理会计里的技巧和工具建立起奖励制度，使其相关人员能够主动承担责任和行使权力，并通过奖励制度使自身的内部关系构建起能够约束权力使用的奖励方法。基于不同点，首先，管理会计在营利性机构里面的运用导向是利润最大化，而非营利性机构的运用导向是费用最小化。其次，营利性机构由于受环境影响比较大，因此运用管理会计的周期性比较短，使用速度比较快，如一个月、一季度就需要进行各种预算的再调整。而非营利性机构受环境影响相对比较小，因此其对管理会计使用的周期性比较长，如一年一次预算。再次，因为环境影响对两者的程度不同，因此对风险意识的理解也有所不同。属于管理会计范畴的风险管理体系中的战略风险和财务风险对营利性机构比较重要，但对非营利性机构的作用可能不大。非营利性机构的风险意识和机制的建立可能更趋向于纪律性风险、制度性、法律性风险等的防范和控制。最后，由于不同机构属性导致对"发展"的理解和需求不同，管理会计通过对内外部环境和条件的分析来对营利性机构进行提升发展的思路会更加重要。而对于非营利性机构，管理会计中通过动作化管理思路来简化行政流程和节省行政成本会显得更重要，因为营利性机构通常会涉及对核心竞争力的建立。而非营利性机构更多的是发挥其固有的行政和公众职能作用。

基于以上的相同与不相同的详细讲述和分析，在具体进行管理会计的引入时，需要分别注意以下几个重要引进原则。

针对营利性机构，需要注意：

- 不要销售思路，而要市场增值思路：管理会计的运用主要是通过对营利性机构的资源有效的增值利用，让市场和机构同时受益。所以如果脱离了对市场增值的目的来运行管理会计，只会是一场闭门造车式的数学性质的运算，而没有任何商业意义。总之，经营思路上的市场增值引导自然会带动销售业绩，而企业有了销售思路的先入为主却未必会出现市场增值的经营，因此企业需要仔细衡量市场增值性经营和销售性经营孰轻孰重。

- 财务人员进行管理会计培训，或者引进管理会计专才：管理会计是一种对专业性要求十分强的科学。如果机构的会计人员是比较资深的财务人员，那么可以通过对其培训来掌握使用管理会计的知识和技巧。如果机构的会计人员是比较初级和没有丰富会计经验的，建议引进管理会计顾问或专职人员。

- 关注长期盈利机制建立：管理会计的运用主要是帮助机构通过对其自身的调整和提升达到战略实现的目的。因此，机构在使用管理会计的时候，应该摆脱财务会计中传统的纯粹性盈利和费用理念，来对其经营进行长期和短期的科学规划和建立。

- 关注供应链条：管理会计中对盈利性机构的优化不仅局限于其内部关系和操作，企业需要同时对其与外部的关系和操作通过管理会计中的理论和技巧进行优化。

针对非营利性机构，需要注意如下方面。

- 不要财政思路，而要服务思路：这与营利性机构的"市场增值思路"有所相似。只是营利性机构最终追求的是利润，而非营利性机构需要紧抓其公众职能和功能为社会提供高质量和高数量的服务。例如，在服务思路下，相关机构就会在不增加经费的时候考虑如何服务更多对象群体。然后，在服务更多对象群体的时候，要保证服务质量，那么就会思考如何对其业务流程和程序针对对象群体的需求，而进行优化和重组的目的。

- 雇用管理会计专才参与具体业务操作流程探讨：由于非营利性机构不像营利性机构需要追求利益最大化，而且其具有较为稳定的固有特性，因此不需要像营利性机构专门成立管理会计职能（部门）。只需要在其重新检查和设计业务操作流程，或者进行周期性预算之时，让专业的管理会计人员进行参与。

- 通过动作化成本法的科学理解来对业务进行有效性的细分化和责任化：非营利性机构的业务分工和责任分配相对比较非扁平化和机械化，这样的架构设计通常会产生很多不必要的资源浪费和效率低下。因此可以通过管理会计中的动作化成本法中的知识来对业务分工进行协调式的调整，然后配合其服务目的要求，进行既满足责任分配的机械化要求，同时也满足服务对象的需求。

- 与其他外部机构的配合：通过管理会计原理寻找自身机构的某部分费用是否是由于与其他外部机构的配合引起的。然后通过与这些外部机构的业务连接以合法合规的形式进行协作上的创新，达到流程优化和费用减少的效果。

综上所述，管理会计对不同性质的机构都有着中枢性和全面性影响的重要作用。管理会计不仅能够真正发挥开源节流的功能，也能够将任何机构的战略、管理和运营层面相互打通。同时，可以"无机性"地引导所有机构通过其业务流程和程序进行理性重组，再达到"有机性"的创新结果。通过管理会计引起的商业创新的思维模式需要紧扣以下三个基本点。

基本点一：不要离开对自身原有业务流程和程序的结构性认知和积累。因为离开原有的基础，就等同于需要对新业务流程和程序的重新认识和基于从零开始的建立。

基本点二：管理会计对原有业务流程和程序进行拆分。尽可能地将机构里的资源充分使用到其可能存在的核心竞争力或主要公众职能的环节建设中，并且将其他没有价值的业务流程和程序以替换、去除或外包的形式升级处理。

基本点三：通过管理会计原理来寻找与其他外部机构和功能的对接机会，将不同业务流程和程序与外部实现"齿轮式"的对接。在两个或多个业务流程和程序找到吻合的齿轮式对接，便可能出现全新的操作模式和发展机会。"齿轮式的吻合对接"理念是由作者通过对管理会计知识的深入理解衍生的一个思路，因此在这里用一个例子来对此进行描述说明。例如，中国著名的企业恒大集团。恒大集团在企业推广业务上，与足球行业进行了对接。这个业务流程的对接显然十分成功。因为推广对于任何营利性机构来说在会计上都属于费用型业务。而恒大集团通过创新性地将其推广业务和外部足球行业的推广功能进行成功的业务衔接，成功地使其集团的品牌推广功能由费用型业务通过对接足球行业的推广功能和盈利能力向盈利型业务进行转换，使其以盈利性渠道和方式达到其品牌推广的目的，同时，其推广效果也非常显著。

5.7　管理会计与电子商务（互联网）

5.7.1　实体经济与电子商务

众所周知，科技在现代的商业经营和竞争中具有不可或缺的重要地位。但是，科技虽然可以影响商业模式，却无法取代商业本身。而商业本身的立足点是市场需求,因此无论企业运用多先进的科学技术,在没有对市场的合理需求和欲望进行有效满足时,都很难成功。我们可以试着用两极化思维来探讨这个问题,如果说所有不好的商品和服务都放到互联网上(线上)的电子商务平台上进行售卖,而所有好的商品和服务都放在线下的实体店进行售卖,相信互联网并不能对原有的商业模式造成冲击。但事实上,电子商务平台是一种开放性平台,好和不好的商品和服务都会放在平台上面进行公平性竞争,这时理论上只会加速不好的商品和服务的淘汰概率,正如中国谚语"是骡子是马,拉出来遛遛"。所以,回归到原点,企业的商品和服务的好与不好才是竞争的根本,而这个"好"与"不好"针对于市场来说包括商品和服务本身、包装、价格、品牌、推广等商业综合要素。

一切工具为人所用。互联网,其实质上只是一种科技性质的工具。只是这种工具具备强大的功能,如每周七天每天 24 小时不间断地经营、全球性、大数据集成、信息传播等。对于互联网的商业理解,经常以点代面,就像互联网在用于对经济体的概念理解时,被直接与虚拟经济等同化,进而被认为是一种与实体经济直接对立的概念性理解。互联网引领下的电子商务经常被认为伤害了实体经济。市场经济中的一个根基就是市场的公平竞争机制。在商业竞争中出现的"经济政治"(竞争者互相指责)是一种可以理解的常见状态。客观上,市场经济中竞争的公平标准之一是一切为市场创造和提供有需求的价值。电子商务为市场输送了很多有需求的市场价值,如客户有更多种类的商品和服务的特征和价格对比、绕过经销环节进行直接的商家对客户模式(B2C)使得商品和服务价格更低而让利客户、客户可以随时随地进行购买行为、帮助客户消除信息的不对称性等。因此,对电子商务的指责更多的是因为企业在经营中对市场价值理解的模糊或缺失。电子商务通过其经营模式创造和输送了市场价值,它和其他实体企业一样在经营有市场价值的需求,只不过电子商务输送的这种服务是一种新兴服务。这就像工业时代到来时,许多传统手工操作被机器取代。这种取代行为不能被理解成是一种手工作业和机器作业的经济对立行为。通过机器,企业能为市场输送物美价廉的商品和服务,而这正是市场需要的,即企业经营和输送了更为有市场需求的价值。只要是对有市场价值的需求进行企业经营活动的行为,都可以归入可区分于金融经济的实体经济的经营活动里。

对于互联网,中国实体经济企业应该学会如何通过更为先进的经营理念来掌握对这个强大工具进行运用的能力。例如，某衬衫企业结合互联网的特性对其经营模式重组升级，这家企业将各式各样的布料、纽扣、衣领、袖子分别摆放在几个卡板上，然后拿着这些卡板到全世界各地的金融区进行短期的销售性质的巡回展示，再由这些身处金融区的高级目标客户根据自己要求进行定制购买，在客户定制购买的时候，这家企业已经通过互联网把数据输送给中国制造企业，客户可以在七天内取得定制的衬衫。这样的经营模式既符合目标客户市场对个性化和高级定制的需求，又通过其销售环节的全球性融合了互联网的全球性特征，使其战略能通过企业经营环节的吻合性和一致性而有效地被执行。

管理会计与互联网的关系是一种天然性的，因为它们都有一个共性，那就是"数据"。管理会计里的许多功能性技巧和工具都能用来帮助企业加以对互联网产生的大数据进行有利于企业经营操作的分析和使用。

5.7.2 管理会计与互联网

互联网为传统商业中的需求端（即终端客户）带来了更大的市场价值是一个不争的事实。但是对于传统商业中的供应端（即传统企业）来说，绝大多数商家感觉到了更大的压力。这个现象很正常，因为商业的根本就是一种"争饼"游戏，各个方面（如客户、代理商、供应商、竞争者等）都参与对商业利益的分配，只是谁能分到更大块饼的问题。有一大部分人经常把互联网和电子商务平台（如阿里巴巴、京东、亚马逊等）进行等同化，这是一种理念和理解上的混淆。互联网是一种科技，而电子商务平台是一种商业经营。对于传统商业中的供应端，其压力来自电子商务平台，而非互联网。如果供应端中的商家能够更好地对接起互联网，那么就能帮助其进行更有效和更有利的商业活动。在这个章节里，将会探讨如何从管理会计出发，帮助传统企业对接互联网达到"物善其用，物尽其用"的目的。

为了让互联网和电子商务得到更为本质的区分，在探讨管理会计对接互联网来帮助传统企业经营的话题前，首先对传统企业和电子商务平台之间的关系进行仔细的思考。刚刚提到电子商务平台是一种商业行为，既然是商业行为，那么本身就会参与到对商业利益的分配过程中。电子商务平台和传统企业一样都具有法人代表、股东、债务、利润、分红等一切商业元素。那么要有利润的产生，就必须有利润产生的渠道，而电子商务平台这个利润渠道来源于互联网赋予的得天独厚的巨大优势，即"无限大"。互联网不仅打破了传统商业中经营时间的限制，能做到全天候和全年候，在空间上，更是能打破传统商业中对经营区域的定义。一旦连接上互联网，任何一家企业都在一定意义上成为全球性企业。但是，真正促使电子商务平台巨大优势的是互联网加上云储存（Cloud storage）所产生的"无限大"。在过去，传统商业的商家通常经过不同销售体系（如自身的旗舰店、总经销商或者各区域经销商等）来对其商品进行销售。但是无论是何种销售体系，其体系总是会受制于空间的有限性，因为无论是旗舰店还是经销商本身都是在具体的空间里面（如店面或者仓库）进行商业活动。而电子商务平台通过互联网和云储存将销售的空间由具体的有限性转变成虚拟的无限性。例如，沃尔玛（Wal Mart）、家乐福（Carrefour）、乐购（TESCO）和好市多（Costco）等这样的销售渠道算是传统商业中的销售巨形渠道，但是它们依然受限于地理上空间的有限性，也就是说商家入驻实体超市平台的数量始终是有限的。而电子商务平台则不受这种空间限制，再多的商家入驻都可以无限量接受，只是在云端上进行一些数据上的增加和储存处理而已。中国有一句话叫作，羊毛出在羊身上。无论是这些传统的销售巨型渠道，还是电子商务平台，入驻的商家都是它们经营上的一大盈利点，不同的是把传统上的入场费、上架费和条码费等向其他形式的费用转变（如铺位费、佣金费、各种各样的商家推广费等）。商家推广费是电子商务平台企业十分重要的经营性收入，这个收入源于电子商务平台产生的商业红海（Red Ocean）效应。商家们通过更激烈的营销手段（如广告位置、打折、买一送一）来竞争，这便是红海效应的一种。更为通俗的理解，商家们降低自己的盈利点来进行竞争，这些下降的盈利幅度就如同企业流出来的鲜血染红了商海，故称为红海效应。以下针对互联网存在前和存在后的一些商业特点的改变进行了比较。

表 5-2　　　　　　　　互联网存在前与互联网存在后的商业环境对比

	互联网存在前	互联网存在后
付款方式	现金或 POS 机器设备	现金或 POS 机器设备、手机及电脑设备
经营地点	实体店面，空间限制	虚拟店面，空间无限
经营时间	固定时间（如朝九晚五）	每周七天每天 24 小时
信息传播	缓慢，不透明	高速，透明

	互联网存在前	互联网存在后
销售方式	人性成分占主导（如面对面）	电子成分占主导（如打字、虚拟表情）
产品展示	实体物品为主	宣传材料（如图片）为主
价格	有限空间，"货比三家"	虚拟空间，"货比千家"
客户投诉	客户投诉具有分散性	客户投诉具有爆发性

　　一切商业的成功立足于商业理念。商业对商业模式（B2B）、商业对客户模式（B2C）、客户对客户模式（C2C）等是各种电子商务平台宣扬的商业理念，但是这个"2"，也就是英文的"To"，所代表和宣扬的"直接"并没有真正为传统商业实现事实意义上的不需要第三方的"直接"。只是传统商业时代的第三方可能是那些自己的各级经销商，而互联网时代的第三方可能就是电子商务平台。互联网打造的这个第三方显然比传统商业时代的第三方的商业能量和力量更加巨大。上面提到，无论是哪种第三方，它们的盈利动机和目的都存在，只是经营内容通过现代科技（互联网）进行了经营形式上的转换。同时，也如上面所说，互联网时代下的第三方打破了地理空间上的局限性，从而使得难以计数的商家进驻，进而引起商家之间更为激烈的商业竞争，最后导致红海效应的出现。那么，红海效应产生的商家减少的盈利幅度中的一部分让终端客户获得真正的受益，而另一部分则被电子商务平台企业所吸收成为其盈利来源。

　　综上所述，如果传统商业中的企业把电子商务平台作为一种销售渠道，那么就很难避免其进入更为激烈竞争（红海效应）的可能。那么传统企业到底该怎样才有可能从电子商务操作中受益呢。管理会计知识和工具的介入，便有可能帮助企业在电子商务操作中实现另一种形式的受益可能。

　　管理会计工具对数据具有解析的能力，而互联网恰恰是能够产生大数据的。因此沿着这个思路走便能通过管理会计原理，帮助企业在与互联网对接的时候找到突破点。前面提到，互联网和电子商务是两个完全不同的概念。电子商务平台企业借助互联网科技产生巨大的商业能量致使传统商业进入更为激烈的竞争。中国自古便有"以子之矛，攻子之盾"的战略思维。那么反过来思考，传统商业应该也可以借助互联网科技的强处，比如说，传统商业的企业在过去如果要做一份市场调查需花费颇大的精力和费用。但是如今互联网时代，这些企业每时每刻都在通过网上与终端客户进行接触和沟通，每天随时随地可以了解客户市场的需求而得以提高其经营行为和内容。这种市场了解（调查）在互联网的帮助下，使得调查具有针对性强、调查对象数量大和成本低的特点。并且，线上的市场调查结果和反馈可以使得线下的操作也同时受益，实现线上线下企业操作的科学对接。

前文曾提及，市场经济的重点是企业向市场输送需求性市场价值。而市场价值的形成是企业不同经营环节的各种具体经营操作和行为汇集而成，因此，市场价值也可被形象地称为市场价值链，也就是，迈克尔·波特教授的价值链（Value chain），如图 5-2 所示。人力资源在波特教授的价值链原型是被当成一个企业的行政职能理解，但在此书的价值链上是被当成价值理解，即一切企业经营都是由人性主导，因此企业里的人性积极面是提供价值链整体的良性基础。

图 5-2　市场价值链

当传统商业的企业只是把电子商务平台当成一个销售渠道的时候，不难看出影响的只有销售环节（见图 5-3）。这样的影响对整条市场价值链并没有实质性的影响，这和企业只是多了一个线下的销售渠道的效果无异。而其他企业也可以在这个销售渠道以低门槛的条件接触得到，因此在竞争中电子商务平台并无法使任何企业的竞争力得到真正的增强。相反，正如上面所论述的，所有过去传统的商业都被带入了更为激烈的竞争。

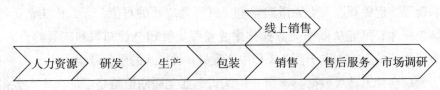

图 5-3　传统商业与电子商务的市场价值链

管理会计中关于营业周期（Operating cycle）和现金周转期（Cash cycle）的概念在企业经营中对企业的生存和盈利能力具有无可替换的实际指导性意义。营业周期和现金周转期有着十分紧密的相互关系，可以说现金周转期越短，企业的营业周期就越短（其他条件不变的情况下）。在涉及两个周期的具体计算之前，先来谈谈两个周期数字性之外的意义。

营业周期和现金周转期的计算是围绕着赊销收入（Credit sales）、营业成本（Cost of goods sold）、平均存货（Average inventory）、平均应收账款（Average accounts receivable）和平均应付账款（Average accounts payable）进行的。从这几个影响因素不难发现，它们都和企业的客户（市场）、供应商有关。营业成本、赊销收入和应收账款与企业的客户有关，存货和应付账款则与企业的供应商有关。营业成本和存货之间的关系，又把客户和供应商的关系联系在一起。存货是企业资产负债表上的项目，而营业成本是利润表上的项目。另外，存货是由企业向供应商进行购买行为而形成的，然后，客户对企业进行购买行为的时候，客户所购买的商品便会从存货项目转入营业成本项目。现在将这几个影响因素与营业周期和现金周转期的关系用下面的表格列示。

表5-3　　　　　影响因素"上升"对营业周期和现金周转期的影响

影响因素 ＼ 动态和影响	动态	动态对营业周期的影响	动态对现金周转期的影响
平均存货（Average inventory）	上升	拉长	拉长
赊销收入（Credit sales）	上升	缩短	缩短
平均应收账款（Average accounts receivable）	上升	拉长	拉长
营业成本（Cost of goods sold）	上升	缩短	缩短（存货大于应付账款）拉长（存货小于应付账款）
平均应付账款（Average accounts payable）	上升	无影响	缩短

注：在其他影响因素不变的情况下，每一个单独影响因素变动对营业周期和现金周转期有拉长或缩短的影响，或无影响。（影响因素均为正数值状态）

表5-4　　　　　影响因素"下降"对营业周期和现金周转期的影响

影响因素 ＼ 动态和影响	动态	动态对营业周期的影响	动态对现金周转期的影响
平均存货（Average inventory）	下降	缩短	缩短
赊销收入（Credit sales）	下降	拉长	拉长

续　表

动态和影响 影响因素	动态	动态对营业 周期的影响	动态对现金周转期的影响
平均应收账款 （Average accounts receivable）	下降	缩短	缩短
营业成本 （Cost of goods sold）	下降	拉长	拉长（存货大于应付账款） 缩短（存货小于应付账款）
平均应付账款 （Average accounts payable）	下降	无影响	拉长

注：在其他影响因素不变的情况下，每一个单独影响因素变动对营业周期和现金周转期有拉长或缩短的影响，或无影响。（影响因素均为正数值状态）

上面表格显示的是每个影响因素单独对营业周期和现金周转期的影响，这只是为了让读者对这两个周期有初步的认识和理解。现实中的企业经营是不可能只有一个影响因素出现变化，往往会出现好几个影响因素的同时变化。因此，在管理会计专业中，营业周期和现金周转期的计算取决于存货周期（Inventory turnover/period）、应收账款周期（Receivable turnover/period）和应付账款周期（Payable turnover/period）三者之间的计算与关系。因为计算公式和方法不是本文的侧重点，所以就不进行详细讲解了。

现在通过这几个影响因素知道营业周期和现金周转期隐藏着更深层的意义，即企业和客户、企业和供应商存在的某种联系。"周期"二字提示了这种关系应该是与各方的"议价能力"（Bargaining power）有关。因为企业、客户、供应商三者之间的"议价能力"的相对性高与低将决定"周期"的快与慢。这不难解释，只需从平均应收账款和平均应付账款两个影响因素涉及在"周期"里的计算便可明白。企业的"议价能力"高与低决定了应收账款周期和应付账款周期的快与慢，从而接下来便会影响营业和现金两个"周期"的快与慢。关于对商业中各方的议价能力，企业管理学和战略学里不可缺少的波特五力模型（Porter's Five Forces）给出了很好地解读。

企业的议价能力相对于客户与供应商取决于企业对市场输送的市场价值（或市场价值链）。企业输送的市场价值越高，越容易触动市场的购买行为，市场的购买行为越强烈，企业相对于市场的议价能力就越高（因为市场会担心供应的短缺）。另外，市场的购买行为越热烈，企业相对于供应商的议价能力也就会得到相应的提高（因为供应商对企业的信誉和能力会更有信心）。再有，市场价值是由企业不同环节的各种经营操作行为汇集而成，且这些经营操作行为都需具有市场价值创造性和增值性。换句话说，企业的市场价值创造性和增值性经营操作行为越多，那么其"议价能力"就越高。

通过分析发现，企业的市场价值创造性和增值性经营操作行为、企业的议价能力及企业的营业周期和现金周转期三者之间存在紧密的科学联系。这种科学联系可以归纳总结为以下几点：

（1）企业的市场价值创造性经营操作行为越多，存货就会越小（因为市场价值越高，企业的商品和服务越受欢迎），那么营业周期和现金周转期都会得到相应的缩短。

（2）企业的商品和服务越受欢迎，企业相对于市场的议价能力就越高（市场担心企业供应的短缺，而愿意更早地支付款项给企业），应收账款就会越小。

（3）由第（1）点和第（2）点的结合便可以出现逆向性说明，企业相对于市场的议价能力越高，就预示着企业的市场价值创造性经营操作行为越多（因为市场担心企业供应的短缺，而会自愿降低其议价能力）。

（4）企业相对于市场的议价能力越高，商品和服务越受欢迎，存货便会减少。并且存货减少的同时，应付账款在理论上就应该增大（因为企业供应的市场价值越高、商品和服务越受欢迎，其供应商就会越有信心而更愿意支持企业。同时，这种信心也间接说明企业相对于供应商的议价能力越高）。

（5）应付账款上升的情况下，企业的现金周转期就会缩短，企业便有更多的现金经营空间。

以上五点应该结合前面关于营业周期和现金周转期的表格，这样会更便于理解。

当企业的市场价值创造性和增值性经营操作行为、企业的议价能力及企业的营业周期和现金周转期三者的关系被发现后，那么沿着这个关系，就有可能通过营业周期和现金周转期的变动来调查和研究企业的市场价值创造性和增值性经营操作行为。

5.7.3　管理会计与互联网——举例说明

现在许多电子商务平台公司都有自己的直接经销行为（以下简称"直

销"），那就是这些电子商务平台公司直接从供应端（传统企业）进行购买行为，再由电子商务平台公司进行对需求端（终端客户）的销售行为。电子商务平台公司在这样的直销中扮演的角色是传统企业的"中间性"客户（如天猫超市、京东自营、苏宁易购等）。众所周知，电子商务平台公司最大的优势之一就是大数据（Big Data）。那么现在将大数据的特点与前面所讨论过的知识点综合起来会得出下面几个考虑点，再将传统商业性企业从事电子商务的市场价值链（见图5-3）做出重新拼装和改进，以让传统企业真正从电子商务经营操作中受益。

考虑点一：电子商务平台公司在进行直销时，其角色是传统商业性企业的"中间性"客户。

考虑点二：营业周期和现金周转期与企业、企业的客户及供应商有紧密联系。

考虑点三：电子商务平台公司拥有对所有上游（供应商）的大数据，因此这些大数据有可能会被电子商务平台公司用在其"议价能力"中。

考虑点四：企业的市场价值创造性和增值性经营操作行为、企业的议价能力、企业的营业周期和现金周转期三者存在科学关系。

考虑点五：电子商务平台公司利用其大数据与传统商业性企业之间形成的议价能力的高低相对性，必然会反映在营业周期和现金周转期的变化上。

考虑点六：营业周期和现金周转期的变化能用来调查和研究企业在相关周期变化前后做出的企业经营和操作是否有市场价值创造性和增值性。

考虑点七：由第一点到第六点，企业不再把电子商务平台只是当成一种销售渠道，而是充分地、间接性地利用电子商务平台的大数据，使得电子商务平台成为企业对其经营和操作进行是否具有市场价值创造性和增值性的调研方法。

综合这些考虑点后，现在对传统企业的电子商务经营操作结合市场价值链（见图5-3）进行重新认识和组装，将会得出一个新的市场价值链条，如图5-4所示。

根据图5-4，在管理会计原理的介入下，企业通过电子商务平台的线上操作已经不再仅仅是一种销售功能，而是升级为能对整条市场价值链进行调整和改良的一种调研功能。这种由"量"到"质"的功能性转变的基础是由互联网的大数据和管理会计对数据未来性的解析能力的结合实现的。再有，

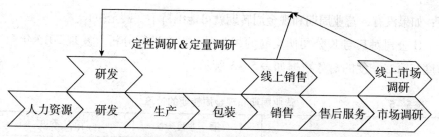

图5-4 传统商业与电子商务的市场价值链升级

在通过具体事例来对图中所示的互联网和管理会计结合而形成的调研功能的具体运用和机理进行充分说明之前，要先明白市场调研一般分为定性调研（qualitative research）和定量调研（quantitative research）。很明显，互联网和管理会计结合处理的是数据上的调研功能，故为定量调研部分。企业需要在得到定量调研数据结果后，再设计定性调研部分，使得整个调研工作得到更具科学性和市场性的完善。

接下来，将对这个重新拼装过的具备调研功能的市场价值链，通过举例进行使用说明。

L服饰集团从事服装生产和销售业务的经营行为。L集团旗下有一间H服饰电子商务公司专门负责线上销售（Online sales）。H公司不但销售自己集团的服装，同时也销售其他服饰公司的服装。H公司与电子商务平台公司K签订直销协议。此协议中K公司无论从H公司购买多少商品，其货款的结算时间均为90天。

H公司很明白K公司作为一个电子商务平台公司，拥有十分丰富的行业数据。同时，K公司作为一个"中间性"客户，站在客户的角度和心态，K公司只会买比较受市场欢迎的商品进行销售。根据前面做出的相关理论的归纳，受市场欢迎的商品可以使得营业周期和现金周转期缩短。因此，如果K公司对H公司商品的购买行为引起营业周期和现金周转期的缩短，就会间接说明H公司在同行业中相对于其他竞争者在市场中的受欢迎程度更高，即其相对于竞争者的市场价值创造力更强。另外，需要再次强调，市场价值创造力的强与弱来源于企业的经营和操作行为的市场性和增值性。因此，H公司如果对其经营和操作行为出现变化或改动，而营业周期和现金周转期也出现变动时，那么就可以证明这些企业的相关变化或改动是否存在市场价值创造性。换句话说，这些经营和操作行为如果创造了市场价值，营业周期和现金周转期就会缩短；如果没有，营业周期和现金周转期就可能维持不变甚至拉长。

H 公司对其与 K 公司所交易的相关财务报表进行分析。发现 2017 年第一季度和第二季度的财务数据如表 5-5 所示。

表 5-5　　　　　　　　　营业周期和现金周转期的计算

	第一季度	第二季度
赊销收入	￥820000	￥1155000
平均应收账款	￥165000	￥220000
营业成本	￥530000	￥815000
平均存货	￥180000	￥200000
平均应付账款	￥88000	￥125000
营业周期（经公式计算）	197 天	157 天
现金周转期（经公式计算）	136 天	103 天

营业周期和现金周转期有很明显的缩短的现象（分别缩短了 40 天和 33 天）。H 公司在之前所述的"企业的市场价值创造性和增值性经营操作行为、企业的议价能力、企业的营业周期和现金周转期三者之间的关系"和"管理会计与互联网的关系"的启发下，清楚其在第一季度和第二季度之间的某些新的企业经营和操作行为应该具有市场需求的价值（或者说具有市场价值创造性）。H 公司进行了详细的调查后，发现第一季度和第二季度公司确实在经营和操作上发生了一些变动，H 公司把这些变动汇总在一起，如表 5-6 所示。

表 5-6　　　　H 公司在第一季度和第二季度之间出现的六点变化

H 公司在第一季度和第二季度之间出现的经营和操作变化
1　为了将自己与 L 集团线下销售区分开，把线上的包装换成与线下不同的包装
2　H 公司向一家供应商引进了一款新型的功能性衬衫
3　H 公司人事部换了一位新经理
4　H 公司将集团生产的衬衫和另一家供应商的领带进行组合销售（Combo sale）
5　H 公司第一次尝试性地推出了一些图案和绣字选择，客户可以在衬衫指定的位置要求公司印上公司提供的图案或者绣上想要的字（如客户自己的名字）
6　H 公司针对客户投诉推出"24 小时满意"政策，并且制作相应的应用软件（App）使得与客户的沟通更为有效、及时和透明

营业周期和现金周转期的变化帮助 H 公司实现了定量调研的目的，因为在这些数据的提示下 H 公司注意到了所做和所发生的经营和操作上的变化。但是 H 公司此时还不明确这些变化背后的真正意义，因此 H 公司根据这些变化制作了问卷调查（Questionnaire）以达到定性调研的效果，进一步帮助 H 公司弄清楚这些变化的实质性意义。问卷调查根据这些变化设计了一系列的问题，然后通过线上客服与客户在有奖励的形式下发给客户进行答卷。

经线上客户的问卷调查后，经过反馈统计分析，并且总结如表 5-7 所示。

表 5-7　　　　　　　　　　针对 H 公司六点变化的市场调查结果

H 公司在第一季度和第二季度之间出现的经营和操作变化	问卷调查的客户反馈总结
为了将自己与 L 集团线下销售区分开，把线上的包装换成与线下不同的包装	客户发现线上的包装有蓝色，蓝色更能反映 L 集团的品牌特质
H 公司向一家供应商引进了一款新型的功能性衬衫	这款衬衫的布料应该有抑菌效果，因为比其他衬衫的异味更小
H 公司人事部换了一位新经理	客服人员的沟通更热情和熟练
H 公司将集团生产的衬衫和另一家供应商的领带进行组合销售	客户发现这样的组合销售为他们省去了很多麻烦，因为当他们需要对衬衫和领带进行购买的时候，总是会出现选择上的困难，而且很费时间
H 公司第一次尝试性地推出了一些图案和绣字选择，客户可以在衬衫指定的位置要求公司印上公司提供的图案或者绣上想要的字（如客户自己的名字）	由于现在的客户需求都比较个性化，而衬衫本身是较为单一性的商品。许多客户希望通过图案和绣字来让自己购买的衬衫更独特
H 公司针对客户投诉推出"24 小时满意"政策，并且制作相应的应用软件（App）使得与客户的沟通更为有效、及时和透明	"24 小时满意"政策，使客户认为 H 公司更值得信赖，客户的忠诚度上升。同时，出现了明显的"口碑营销"效应

H 公司将调研结果反映给集团总部后，L 集团做出以下决策：

—— 调整集团线上和线下所有产品包装的蓝颜色成分比例；

—— 对抑菌布料进行全面信息搜索，尽快投入集团全体产品的生产中；

—— 对集团旗舰店的人员进行定期客服培训；

—— 研究线下产品定制的政策和程序，并尽快推出线下产品定制服务；

—— 线上的"24小时满意"政策，线下操作对其进行直接和全面引进。

通过上述例子可以发现，线上的操作不仅是一种电子商务行为，而且能通过对接隐藏在电子商务背后的互联网起到实质性和更多作用，充分发挥调研功能。再由线上调研功能得到的信息反馈到整个集团的研发环节，促使市场价值链中研发环节后面的所有其他环节得到改良和提升。这种改良和提升包括了线上和线下的操作。那么这样产生的结果与效果就是企业的全面性创新。这便是线上操作能真正给企业整体带来的由"量"性到"质"性的作用，而非仅仅局限于销售的作用。

虽然管理会计与财务会计的区分主要集中在对数据的未来性和历史性作用的不同运用，但值得一提的是，管理会计对企业资源的理解与财务会计的理解也有所不同。财务会计中，企业的资源仅仅局限于资产负债表中的总资产和总资本。管理会计中，资源的"延伸性"思维会使得一些无形和外部资源也被纳入企业资源的范畴里，如较为常见的融资租赁（Finance lease）概念。因此，管理会计中强调的是企业如何合理地使用各种资源（内部和外部），拥有资源并不是最重要的，能控制和使用资源才是企业最重要的目的。经营之道对企业资源的根本要求和理解是"活而强"，并不是"大而强"。纵观世界上的超级企业，都是善于合理利用资源，而非盲目占用资源。同理，上市企业的市值（Market value）都不是取决于它此时拥有多少资源，而是取决于它明日能创造多少利润。利润取决于企业收入与成本之差，管理会计让企业实现灵活运用资源便是能降低成本和增加创收的重要方法。

将管理会计、电子商务及电子商务背后的互联网结合起来所起的调研功能进行科学理解的话，那么企业的调研功能在互联网时代要充分延伸到对外部资源的利用上，任何企业的研发中心（Research & development center）的商品和服务研发人员数量一定是十分有限的，但是企业如果能将客户也纳入研发中心理解的范畴，在互联网时代下客户的研发功能将有低成本而高价值的潜在作用。企业的研发中心和客户的研发功能两者之间唯一的区别是企业自身的研发中心是一种内部和费用机构，而客户起到的研发作用是一种外部和免费机制，但是二者皆能起到"头脑风暴"（Brainstorming）的效果。互联网时代，企业在虚拟网络操作中能每时每刻比在无互联网时代下直接接触到更大数量的客户。这些客户首先具有企业目标市场的针对性，其次这些存在于看不见摸不着，而只是网络中各个端点后面的客户可能来自企业所属行业或某个领域的专业人士，他们的某些意见和见解甚至会有可能比企业内部的研发中心人员的意见更为宝贵。而管理会计的数据处理能力可以使得企业对这个外部研发机制实行有效的导向作用，同时，也会使得这个外部研发机制的使用更有具体的指向性。

最后，在通过管理会计和电子商务操作原理结合起来而实现调研功能的时候，企业应该注意以下事项。

事项一：企业的市场价值创造性和增值性经营操作行为要进行金融性和非金融性的区分。因为从市场的角度来说，企业对市场的金融性增值行为也是一种对市场有价值的经营操作行为，但是这种行为对企业却有可能是一种伤害。例如，企业的金融性增值行为可能包括（不仅仅是）将应收账款延期或提高赊销收入在整体销售中的比例。只要企业对市场进行这两者中的任何一项的金融性增值行为，企业的销售一定会上升。在销售上升的情况下，平均存货会下降，而营业成本上升。对照上面提供的表格，理论上说，平均存货下降和营业成本上升都对营业周期和现金周转期有缩短的促进作用。但是，这同时也会造成大量应收账款的上升而导致营业周期和现金周转期拉长。最终营业周期和现金周转期将会在一边缩短和一边拉长的作用下显现出不稳定性，这种不稳定性说明企业的金融性增值行为并非真正企业经营意义上的市场价值增值性行为。另外，应收账款的上升也将增加企业坏账水平上升的可能，而坏账的上升实质上意味着赊销收入的下降，赊销收入的下降对营业周期和现金周转期起到拉长作用。这进一步加剧了两个周期不稳定性的出现。由此，企业的市场价值创造性和增值性经营操作行为需要进行金融性和非金融性区分。非金融性的企业市场价值创造性和增值性经营操作行为才是真正提高企业的议价能力所在，也才是能真实和正确地由营业周期和现金周转期反映出来的行为。另外，非金融性的企业市场价值创造性和增值性经营操作行为应该是有行动性和具体性的企业行为，如提高生产效率、增加产品类别、提高产品质量、升级产品包装、拓展销售渠道等。

事项二：既然营业周期和现金周转期对企业的经营操作行为具有市场价值创造性和增值性的鉴别作用，那么企业需要善于和长期地对这两个周期进行相关数据的追踪。比如说，两个周期在长时间里没有出现明显的变化（甚至有拉长的情况出现），或许能起到对企业的提醒作用。企业应该重新审视其经营和操作行为的具体内容，同时对市场需求进行调研，最后通过对其经营和操作行为的具体内容进行紧随市场需求的科学调整，以达到缩短营业周期和现金周转期的目的。当周期被缩短的时候，企业的经营和操作调整便出现了迎合市场需求的内容。换句话说，当营业周期和现金周转期被缩短的时候，就暗示企业的议价能力的增强，而企业议价能力的增强源于企业的市场价值创造性和增值性经营操作行为重塑的成功。

事项三：虽然上面一直对营业周期和现金周转期与企业议价能力和市场价值创造性和增值性经营操作行为三者之间的关系进行讨论分析。但是，这两个周期不仅与企业的议价能力和市场价值创造性和增值性经营操作行为有密切的关系，而且关系到企业正常经营和持续性的问题。因为这两个周期的关系构建就是企业的流动资金链（Working capital cycle）。流动资金链如果出现了问题，就暗示着企业需要从其他方式或渠道吸收资金来支撑企业的正常运转，否则就有可能造成企业资金链条的全面断裂，进而导致企业倒闭的严重后果。企业的流动资金链如图 5 - 5 所示。

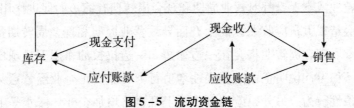

图 5 - 5　流动资金链

为了更好地确保流动资金链的正常工作，企业应该注意以下几点。

第一，非特殊情况下，正常的商业和经营逻辑是"企业不可能做无本买卖"。这里的"本"指的是资本。根据这个正常的商业逻辑，企业在流动资金链里，应付账款部分会比整体的现金部分与应收账款部分之和高，这时企业就需要拿出资本（负债或所有者权益）支撑整个流动资金链的正常工作（循环）。换个角度来说，就是企业需先拿出应有的资本购进存货，才能进行销售。企业需要时刻关注流动资金链里每一个元素（现金、应付账款、应收账款、存货、销售收入）的百分比变化。例如，现金支付和应付账款增加过高，或者现金收入和应收账款减少过大都表示企业需要有更大的资本投入。再有，存货变大或者销售收入变小则表示企业的资本正被存货吸入而没有得到相应的有效释放，这也暗示企业需要有更大的资本投入。

第二，企业应该将企业资产和短期负债，作为处理流动资金链出现问题时的缓冲。例如，企业应该加强其资产的市场流动性（如售卖应收账款）和可担保性（如厂房）。而对于短期负债，企业应该进行尽可能多的渠道预备方案。

第三，企业的所有者权益和长期负债则是处理流动资金链出现问题时的最后考虑方案。这时，企业应该加强其长期负债的市场性（如抵押担保）和灵活性（如可由债权变为股权）。对于所有者权益，企业需给出对企业现有经营情况的有效改进或重组方案，以提高通过所有者再次注资而获得资金来源的可能。

6 战略与商业

6.1 战略

　　中国人的智慧在现代化商业面前再一次得到事实上的印证。中国一句谚语"计划永远没有变化快"用于形容当今信息科技和产业科技日新月异的超速发展，显得与当代商业和企业面临的实际环境非常贴切和吻合。当下的企业可能会发现今天刚引进的机器或技术，明天突然被新的机器或技术超越甚至是完全替代。面对这样的商业现实，企业对管理会计的使用不能只是局限于计划或预算等作用和功能，更应该通过管理会计的工具和技巧帮助企业实现经营和资源上的战略性布局。

　　战略，对不同的对象和不同的事物有着不同的定义。国家和企业对战略的理解就很不同，国家为了达到某种战略目的可以不计成本。从经济角度讲，国家战略的最终目的是"国计民生"，因此经常是"大投入小盈利"的投资现象。例如，公共交通设施的发展、量子运用的研究、5G 网络设施的铺设。这种"大投入小盈利"实际上是以政府为对象来讲，但是对国家整体来讲，政府的这种行为是为了整个国家发展的需要，因为这些"大投入小盈利"的投资会使得民间和整体社会有更好的商业经营环境，进而通过这些投资辐射到民间和整体社会，最终孵化出国家整体的"大盈利"。那么战略对于个人企业来说又有所不同，企业的资源是十分有限的，企业为了完成某种战略目的，必须在可承受的成本和风险范围内。从经济角度讲，企业战略的最终目的是"有效的服务市场"，因此企业有可能做到"小投入大盈利"。另外，战略对企业本身存在的经济行为也有着不一样的定义，比如，战略对企业的投资和经营的理解就有所不同。战略对企业的投资行为来说一般是通过互补性来降低风险（讲究对冲性），战略对企业的经营行为更多的则是讲究所有经营活动和经营行为的一致性和互增性（讲究协调性）。

　　对"战略"二字有许许多多的解释和理解，但是正如前文所述，战略对于不同的主体及从不同的角度会有不同的看法和理解。但是正所谓"殊途同归"，解释和理解战略的方法或许有所不同，但是无论如何诠释，任何性质的战略所要完成的任务或目标通常有以下特征：长期、赢、转危为安、以小博大、以迂取直、以局定强等。企业经营中，人们经常会把战略和企业的市场或销售功能相混淆。战略性人才不一定会是餐饮业里最好的厨师，不一定会是保险行业里最好的销售人员，不一定会是金融行业里最好的经济分析师。但是，战略性人才一定可以转战于任何行业里，并且具备稳中求变的能力，能在危机中找到生机，在生机中找到赢机，并且具备在短期看到长期，在长期看到变革和创新机会的能力。

　　现代化商业中，企业在经营上的成功一定离不开"科学战略"和"科学技术"。科学技术的研究和发展结构需要进行商业性的孵化目的，这就需要企业将科学技术产物和商业科学战略合作基础进行进一步的建设。因为研究出一个科技产物才是一个开始，接下来的问题是如何将这些科技化产物转化为商业化商品和服务。经济的发展是人类文明发展和进步的一部分。每一个时代的经济的商业行为都有它的特性，这种特性的形成会随着商业环境的变化和商业竞争行为的进步而不断进行沉淀和升级而展现出新格局。中国经济改革开放从初期到后期，中国企业商业竞争的意识和集中点经历了从生产环节，到推广环节，再到研发环节的不断延伸和升级。时至今日，及至未来，科技创新将会成为商业竞争的一种新常态，那么企业对战略的科学意识和能力的认识及掌握将会成为企业面对竞争的一种必备的新商业性要求和新商业性行为。战略的初始源头是一种属于人性的主观思维的存在。面对市场的客户需求和行业的竞争者之间的激烈竞争等客观实际条件，企业战略的主观性需要进行市场事实的客观调整才能达到战略实现的客观基础，也才能真正称为具备"科学性"的战略。因此，全球化的环境中对于任何国家和任何国家的企业来说，科学战略和科学技术是企业在未来商业和未来商业竞争中缺一不可的条件，否则企业将很难实现盈利和降低成本的商业性目的。

　　战略存在的意义在于企业资源的有限性、市场机制的有效性（包括市场的理性和竞争）。换句话说，如果每个人的生命是无限长，资源是无限多的话，那么战略就没有存在的意义，也不需要存在了。因为那时候，每个人都一定能成功，一定都能等到梦想成真的那一天。但是现实的客观性是，一切生存条件都具有"有限性"的特征，那么就需要追求资源利用上的效率（Efficiency）和效果（Effectiveness）。前面提到过，战略对企业的经营行为更多的则是讲究所有经营行为和经营活动的一致性和互增性（协调性）。企业的各个经营环节的协调，需要根据环节的主次重要性（作用上的先后）、发展节奏性（时间上的先后）来实现效率和效果上的科学调整，这样才有可能科学地用好企业的有限资源和资金。

世界上，好的物品很多。但是许多却没能被成功转换成好的商品，这其中缺乏的便是商业化（市场化）机制的介入。而商业化过程中的战略思维更是企业经营成功的决定性因素。尤其在当代，市场上供应的商品琳琅满目，企业之间的竞争只会愈演愈烈。那么企业要想在激烈的竞争环境中胜出，就只能依赖企业的战略思维和战略布局。战略的真正形成需要一套完整、系统和持续的战略管理体系支撑。由于这种战略管理体系的专业、复杂和庞大，在这里不进行十分详细的讲解。可是无论企业应用何种战略，战略运用的重要作用之一是为了突破商业中的三种基本经营障碍。

● 企业经营的内力、推力和助力：企业经营的商品和服务可视为企业经营的内力；营销方法和技巧可视为企业经营的推力；企业资源和组织机构可视为企业经营的助力。企业与企业之间的竞争主要依赖于企业商品和服务自身的竞争力。但是，商品和服务还是依然需要企业的营销方案的推动进而使得企业对销售目的的成功实现。最后，再好的商品和服务及营销方案都需要企业资源和组织机构帮助企业将一切转换为现实。现实中，经常出现企业因对自己的商品和服务即内力过度自信，而忽视推力和助力，最终陷入"商品和服务好，销售不好"的困境。相反，市场上也经常能看到一些企业的商品和服务本身并不是十分优秀，但是企业经营上的推力和助力得到补足和充实，进而实现"商品和服务不是很好，销售很好"的现象。最后，内力、推力和助力将随着宏观和微观环境的变化而不断改变。这种改变的衡量标准主要来自行业内的竞争。例如，餐饮业的外卖服务在没有互联网的时候，对于餐饮业的一些企业来说，具有这种服务是一种企业推力。但是在宏观环境（互联网）的发展下，餐饮业的外卖服务是一种必需和基本的服务内容，这时外卖服务就形成一种企业内力。依此也可以总结，企业的内力需要不断沉淀升级，企业的推力则需要不断补充，企业的助力建立在内力和推力的基础上，需要不断改良。

- 市场的有限性：企业的任何目标市场都是有限性的。当一个企业达到市场的有限性，其他企业就没有机会。例如，100 万人的市场，当这 100 万人全部都对一部分企业的商品和服务进行了购买行为，另一部分企业的商品和服务虽然很好，但是由于市场的饱和与有限，这另一部分企业的商品和服务自然因市场购买行为的消失而得不到销售机会，这就是市场最基本的特点，即存在有限性。因此，企业的商品和服务再好，必须要具备被市场购买可能的前提。否则，无论是以国界或全球的视野，市场份额和市场购买力都是有限的，不可能无限或无止境地接受所有市场上供应的商品和服务，只能吸收供应整体的一部分。用一句话总结，市场这种与生俱来的有限性才是企业竞争的真正来源，如果市场无限大，企业的竞争就无从谈起。

- 行业竞争者的竞争力：企业很容易忽视竞争对手的存在。当企业认为自己的商品和服务做到很好的时候，可能不知道已经有竞争对手做到了更好。例如，一个餐厅的产品物美价廉；但是另一个餐厅不但做到产品的物美价廉，还做到服务的宾至如归；更有甚者做到物美价廉和宾至如归及回访互动。因此，在竞争中，任何企业不能忽视竞争者的存在，更不能无视任何竞争者优于自己的可能。市场经济中，决定企业命运的是市场。而市场的瞬息万变，经常让企业显得手足无措。企业在某个市场操作得很好，并不意味着企业就可以在另一个市场也可以操作得很好。企业对其自身的"好"的理解和标准一定要充分地延伸到竞争者的标准上，这样的战略定位才能同时增强企业的经营稳定性和商业竞争性。

总之，战略思维就是帮助企业通过对商业机理和竞争环境的不断扫视，使企业在内外兼顾的条件下关注和提高自身的商业竞争意识和竞争力。

6.2　战略管理会计

管理会计中的"现金为王"（cash is king）与企业管理中的"客户为王"（customer is king）充分说明了战略管理会计的重要性。战略管理会计是帮助企业如何通过客户这个"王"来实现现金这个"王"的战略思维和方法。战略性管理会计和传统性管理会计的基本区别在于"市场价值"的介入。如果说传统性管理会计的功能性技巧和工具是帮助企业进行资源的科学性和合理性规划与优化,那么战略性管理会计则是帮助企业根据市场需求进行资源上的价值性和增值性规划与优化。企业的一切经营成本都必须围绕市场价值需求来进行,否则就是一种经营成本上的浪费和负担。例如,企业让明星进行商品和服务代言,对于人员的选择应该是目标市场所喜爱的明星,而不是以代言费用最高或最低的明星为选择标准。企业如果选择最贵或最受欢迎,但不是目标市场最喜爱的明星进行代言,这样,目标市场的需求便得不到满足,商品和服务的销售一定大打折扣,那么企业的经营成本得不到市场的吸收,对企业来说自然会感觉成本的积压和上升。企业追随市场需求,并使其得到满足,才能夯实好盈利的两个基础,即增加收入和降低成本,同时,也才有可能使得最为重要的现金周期(Cash cycle)得到缩短和加快。市场经济中,战略管理会计使企业能很好地完成"用"钱和"赚"钱两大任务。简而言之,管理会计的传统功能可以让企业达到对企业有限资源"精打细算"的目的,管理会计的战略功能则可以让企业达到有市场需求价值针对性的"精打细算"的目的。实际上,在"管理会计与互联网"的章节中,应用的就是战略管理会计思维的一种,通过数据探索数据背后的人性思维和表现。

6.2.1 市场需求

在中国制造时代,基本上所有的中国经济都是围绕着"衣食住行"进行着。那时候由于国内市场供应极度空虚,企业只要能供应出"衣食住行"性商品和服务便能在当时的经济环境下生存。当时的企业只需要用低成本的经营模式满足市场的这些基本性需求,便有机会取得成功。

随着全球化的到来和科技的发展,国家与国家之间的政治、文化、经济、市场、法律法规等之间的相互影响和制约,互联网和其他各种科技深入渗透到商业环境中,市场的需求已经出现升级性和创新性的变化。例如,"衣食住行"得到了健康性、功能性、环保性、科技性的需求升级。互联网随着科技的发展也步入了4G、5G、云时代和未来的量子时代,从而创新式地出现了一些新兴行业和需求,如线上经济的诞生及线上线下的综合体商业。在后中国制造时代，虽说低成本依然会是企业需要注意的经营思路，但是这种经营思路需要被沉淀和升级。这种沉淀和升级直截了当地说，就是"先谈市场价值，再谈低成本"。中国企业在后中国制造时代不能只再一味地追求低成本，因为这是很单一的经营思路。企业应该从市场价值出发来研究自己的经营思路。正如前面章节讨论过，低成本未必能满足市场，高成本也未必会被市场排斥。这个成本和市场关系理论可以通过几个特点来说明。第一，全球化和互联网化的影响使得中国制造时代的企业供应方为主导力量向后中国制造时代的市场需求方为主导力量的市场角色转换；第二，中国消费者从海外代购，甚至亲自到其他国家进行大量商品和服务购买的行为，即可窥见成本的高或低在现代市场竞争中也许不能起决定性的作用，这个思路尤其在面对将来大批量的中等收入消费者群体性时更显正确；第三，为何中国企业商品未能出现像其他国家的企业让全球消费者彻夜排队等待购买的现象等。这几个特点都表明了全球的企业如果还只立足于成本的思考似乎已经不能满足对所要面对的未来市场和商业环境的激烈竞争的需求，而应该立足于市场的真正价值性和增值性需求进行经营上的根本性思考。

6.2.2 市场价值与增值

战略管理会计在西方理论学说和实践中，主要立足于四点：市场价值链（Market value chain）、增值动作（Value-adding activity）、动作化成本分析法（Activity-based costing）、动作化成本管理（Activity-based management）。这四点结合起来将成本和市场的价值需求进行数据上的科学联系和计算，使得企业的成本与市场需求价值进行精准配对，那么企业的成本就有的放矢了。再高的成本能为目标市场输送其所需求的价值，企业便能通过这些高成本的商品和服务输送需求性的市场价值，进而收取相对性的市场价格。因此，企业的成本、市场需求价值及企业商品和服务的价格，这三者如果能成功匹配，那么企业的成本无论高或低自然会被市场吸收和消化。

但是，由于长期的经营惯性，中国企业习惯性地只注意成本和价格的单样关系（成本低、低价格，成本高、高价格），却不知或不重视市场需求价值与成本和价格的多样关系。这样自然会导致对市场需求价值输送失败概率的上升，而使得各种经营成本得不到市场的消化而显得经营上表面性的高成本。因此，中国企业不能再一味地从表面上理解成本，而是应该先解决商业经营最为初衷的一个问题：企业正在花费的成本是企业想花的成本，还是市场想让企业花的成本？如果是企业自己想花的成本，而这些成本是市场不需要的，市场为什么要为企业的成本埋单呢？市场经济不是一种"关系"经济，市场中每一个客户的钱都是劳动和辛苦所得，怎么会为非亲非故的企业承担非价值性市场需求的企业费用。

对于市场，虽然有极少数人对市场（客户）有一种称为折中效应的理解。可是折中效应对市场（客户）进行非理性消费的理解依赖从根本上已经违背了市场有效机制的竞争性原则和企业经营科学的商业精神，最后会导致企业脱离企业经营的目的即为市场输送有需求价值的正确理解轨道。例如，A 公司是立足于折中效应经营的企业，同行业的 B 公司则是立足于市场需求价值经营的企业，那么对于商业环境的宏观性来说，A 公司实际上在市场和市场机制的"比较作用"下将自己的弱点通过 B 公司经营上的科学性暴露出来，这样 A 公司的经营在远期存在一种天然的弊端，也自然无法满足商业持续性（Ongoing）的要求。因此，市场价值和增值才是企业经营讨论的最有力基础和立足点。

中国文化一直推崇孔子的儒家思想，和谐（Harmony）是我们对人与人相处的最佳理解方式。西方文化（如美国文化），则更倾向好强（Aggression）的特点。因此，从中国文化里很容易提取到对市场价值的理解方式。比如，和谐性思想会涉及"换位思考""将心比心"等的思考方式。因此，在这里借用这种思考方式来理解企业与市场的关系。企业在应聘员工时，经常会提问员工能为企业创造或带来多少价值，然后根据员工的价值性才决定相关的薪酬条件。同样，通过"换位思考"和"将心比心"的思考方式，市场会提出企业能为其创造或带来多少价值的问题，然后才会根据其价值性决定是否要进行购买行为及购买价格。我们逆向利用这种思考方式就能得出"凭什么"的市场原理。"凭什么"三个字本来我是希望使用更为中性的词来代替，如"为什么"。但是为了让企业充分地意识到市场价值和增值在企业经营中的重要性，并让这样的意识在企业经营思维中更为深刻和牢固，最终还是决定采用"凭什么"这三个字来作为所提倡的市场原理的称谓。

在"凭什么"的市场原理中，企业在衡量员工与其创造的价值时，会考虑到企业"凭什么"需要支付那么多的薪酬和相关待遇。同理而言，市场会考虑"凭什么"需要接受企业的商品和服务及需要支付相关价格。因此，在市场经济中，"凭什么"的思考方式对企业赢得市场和不断提升有很重要的帮助。在"凭什么"的市场原理中，企业应该多想想类似以下的问题。

——凭什么客户会去竞争者那里；

——凭什么客户要付这样的价格；

——凭什么公司的利润值要这么高；

——凭什么客户会为企业的这种成本埋单；

——凭什么客户要接受这样的服务质量；

——凭什么客户不再来消费；

……

企业应常规性和经常性地质问和质疑自己，同时在这些质问和质疑中不断改善和加强市场价值和企业经营成本的关系。

在有关企业管理的资料和理论里，企业通常对所在行业和所需服务的市场（客户）对象进行特性甄别和分析后，采取低成本或差异化的战略对市场进行价值输送。这些建立在低成本或差异化战略上，所做出的对"市场价值"的理解大多源于西方的企业管理学，这种西式的市场价值理解方式相对过于产品化和简单化。

中国改革开放后的迅猛发展全世界有目共睹。以前的华盛顿（美国）引领众所周知的美国梦，而现在中国正在发挥世界的重塑作用及中国梦的诞生。再有，从经济学角度观察，由时代和历史发展所决定的必然，中国国家主席习近平在 2013 年提出的"一带一路"倡议（源于中国，属于世界）将在全球经济未来发展格局和治理中发挥不可忽视的全球性战略作用。此时，全世界都惊叹中国人的伟大，中国人的伟大源于历史悠久的文化和智慧。因此，中华文化复兴对世界的价值性将体现在方方面面。例如，对"市场价值"诠释的完整性将在中华文化里得到满足。

市场价值源于市场需求。西方的相关资料一直没有对"市场需求"有一个比较具体的说法，市场需求一直围绕着"市场需要"（Market need）、"市场要求"（Market demand）、"市场渴望"（Market desire）及"市场想要"（Market want）几个词语进行概念性描述。虽然在这几个概念里能充分明白需要对市场的重视，但具体要重视什么样的内容没有得到有力的概括。

在"市场需求"这个市场经济的重要概念上，我们可以从中华文明和智慧中寻找到更为具体的总结说明，进而明白"市场价值"在经营上的可塑性。中国很早就有"七情六欲"一说。用"七情六欲"来理解市场需求是对企业需要如何创造市场价值再合适不过的具体性引导。在市场经济中，服务的主体对象或者说客户都是人，因为人才具备购买力和消费力。那么人的各种不同的"情"和"欲"便是存在于不同的企业所要构建和输送的市场价值链中的市场需求性元素。例如，企业制造了市场需求的产品是"欲"的输送，企业在广告中往往会通过亲情、爱情、友情等推广就是进行"情"的输送。这样企业在对市场需求的价值就不仅仅是低成本或者差异化的产品需求那么简单的理解，而是更具体化、人性化和可塑化。当然，在进行这样的市场价值的战略思考的同时，西方的战略管理会计的功能性和科学性也应该得到肯定和运用。

综上所述，这种源于中国智慧的市场需求的市场价值，可以帮助企业重新理解战略管理会计使得其功能性和战略性得到充分发挥。由于科技的发达，现在的产品不管是低成本的还是差异化的都更替得非常快。因此商业竞争不仅仅是产品的竞争，而是企业整条市场价值链的竞争。这样就造成由成本链和市场价值链共同组成的模式来决定企业需要制定的经营整体结构和市场价格。这时，战略管理会计在企业的运用就十分必要和重要。

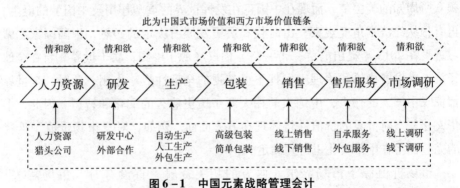

图 6-1　中国元素战略管理会计

6.2.3　市场价值与价格

市场价值、成本、价格三者的基本关系是：成本链条输送市场价值链条，市场价值链条决定价格。这个基本关系很容易理解。我们常说，企业的经营之道就是通过用钱来赚钱。用钱就意味着各种成本的出现，企业各种成本下的各种经营活动和行为组合起来形成成本链。那么企业的成本链应该是用来输送各种有市场价值的商品和服务来对市场的需求进行合理性和有效性满足。这种通过成本链条从企业输送出来满足市场的各种需求就形成一条市场价值链条。市场价值链条决定了企业的商品和服务的价格，那么价格都会比市场价值高，因为企业的商品和服务有了市场价值后，其价格再根据宏观条件的存在而存在。例如，同样一瓶水，它的市场价值是一样，但是它在超市和在动车两个不同售卖环境的价格就可能不一样。总的来说，市场只会在两种情况下出现购买和支付行为，一种就是价格合理高于满足市场有需求的价值的时候，另一种就是价格低于满足市场有需求的价值同时高于成本的时候。可是当市场价值低于成本所应创造出来的市场价值时，市场不会出现购买和支付行为。如图 6 - 2 所示。

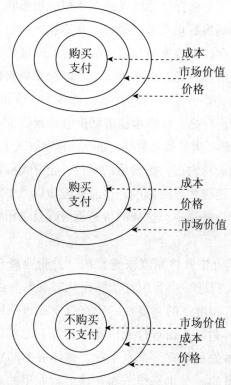

图 6 - 2　成本、市场价值、价格三者的关系及对应的市场行为

图 6-2 分别列出了企业会面临的成本和价格的三种基本情况，三种情况的根本相同点是价格一定比成本高，这很容易理解，企业的底线都是创造利润，因此，企业不可能让价格比成本低。虽然价格高于成本，这是企业的成立根本和本能意愿，但是这种意愿的实现并不决定于企业，而是市场。道理也很简单，因为市场有选择权，它会通过自己所需求的市场价值、各个企业所输出的市场价值及制定的价格进行匹配，而不会去关心企业的成本。这是企业和市场思维的根本不同，企业以考虑成本和价格关系为主，市场以考虑价值和价格为主。对于市场来说，最好的选择肯定是那些能输出高市场价值，但相对低价格的企业商品和服务。而最不可能的选择肯定是输出低市场价值，但相对高价格的企业商品和服务。

在企业输出合理的市场价值，并且市场出现购买和支付行为的时候，市场会根据经济学中的需求价格弹性（Price elasticity of demand）原理进行反应。那就是价格和市场价值需求中的一些特性的联系而导致销售价格和销售数量的科学关系。需求价格弹性原理在经济学中的运用和理解，一般都是直接用于对销售价格和销售数量关系的研究。在这里，我们追随和运用原理里面的思路，来进一步探讨销售价格和销售数量背后的价格和市场价值关系的研究。那么，在企业虽然有经过成本链输出合理的市场价值链时，市场会随着价格高于市场价值的多少来进行购买数量的多少。价格越高于市场价值，市场购买数量就越低。反之，价格越往市场价值靠或低于市场价值（也就是"物美价廉"），市场购买数量就会越高。企业的营业收入主要是价格与数量的关系，因此在成本能成功输送市场价值的时候，企业也应该考虑销售价格与市场价值的关系会对销售数量的影响，这时就应该以竞争对手输送的市场价值和价格为参照进行价格制定，这样的价格就会既具备市场接受度也同时拥有竞争力。

以上是通过需求价格弹性原理来进行的一种企业经营和市场价值的基本理解。在这里，我们进一步利用这个原理从宏观的角度来深入理解企业应进行市场价值创造和增强的重要性。所有行业在每一年都会有一个行业性的盈利率，而盈利率都是相对行业成本来计算和总结的。也就是说，行业的整体成本和整体盈利都有一个水平线，整体成本和整体盈利计算得出的盈利率也是行业里的一个水平线。而在这个行业里的企业盈利率，有的会高于这些水平线，有的会低于这些水平线。企业的盈利、企业创造的市场价值和所属行业之间会形成这么一种关系，整体行业盈利和整体行业成本的水平线形成一种固定性的关系，由于行业的盈利是由商品和服务的价格乘以数量与商品和服务的成本乘以数量之差而来，企业创造的市场价值越靠近商品的价格，就越有可能由于企业创造的市场价值线与行业盈利线的压缩作用而形成一种弹动性关系，这种弹动性关系有可能将企业的盈利水平弹动和超出行业的盈利水平线。反之，企业创造的市场价值越疏离商品的价格，就越有可能由于企业创造的市场价值线与行业盈利线的松动作用而形成一种脱拉性关系，这种脱拉性关系就有可能将企业的盈利水平拉低于行业的盈利水平线。行业盈利和市场价值之间存在的这种关系是由于市场机制有效性的作用。例如，一个超市展示出同行业两家企业同样的商品，并且同样的商品价格，这时候市场的选择基础就是哪一家企业创造的市场价值大就选哪一种商品，那么这家企业最后的盈利水平就会超出整个行业的盈利水平。

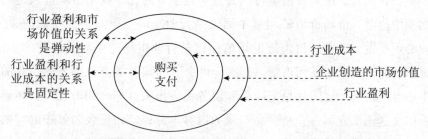

图 6-3　行业成本、企业创造的市场价值、行业盈利三者的关系

6.2.4　市场价值链

目前为止，我们清楚市场价值的创造和增值在企业经营里的重要性。可能企业会觉得市场价值（或市场价值链）相对于成本（或成本链）和价格是个很抽象的概念。毕竟成本都是以各种法律文件（如发票）为凭证，企业的各种成本组织在一起而形成成本链。价格也是由企业直接制定的，很直观。那么市场价值（或市场价值链）到底该怎么具体化而方便企业进行理解？市场价值链可以通过成本链以对照式的方法进行组织和清晰认识，这种对照式的方法的基础是市场价值链往高或大的方向扩，同时，用来输送和对照市场价值的成本链往低或小的方向缩。另外，价格是根据企业自己的市场价值链、竞争者的市场价值链和价格来制定的，那么价格一定是在成本链之外，但是可能在市场价值链之外或之内。

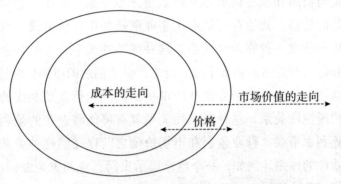

图6-4　成本、市场价值、价格三者各自的发展方向

企业可用"经纬定位"方法来寻找和打造市场价值链。首先，由"经线"的方位出发，市场价值链可以通过与竞争者对比，找出市场价值链的基本面和增值面。市场价值链的基本面就是行业里的竞争对手都在做的事情，企业必须要做到。市场价值链的增值面就是行业里的竞争对手没做的事情，但是市场又有需求的任何事情。其次，再由"纬线"的方位出发，企业的一切中心点是销售，目的就是把商品和服务销售出去，那么和销售有直线连接关系的是这三个方面：一是商品和服务内容本身；二是现金和欠账的付款模式；三是商业运营的整体模式。在这三点里面，与企业最核心的销售连接应该是商品和服务内容本身，付款模式与销售的连接为最后，而商业运营的整体模式与销售的连接次之。因为我们在前文说过，在当今科技推动下的超速化发展、全球化竞争和高密度的互联网化信息等宏观环境下，企业的商品和服务在市场上的周期变得越来越短，很可能会在短时间里被另一种商品和服务取代。当商品和服务被取代之时，企业的运营模式还能起到对销售有限的作用，而在运营模式发挥对销售带来的有限作用之后，市场还会考虑付款模式才最后决定购买和支付行为。最后，"经纬定位"方法形成的是一种市场价值链的"内紧外松"的效果，这就是企业通过管理会计的战略性谨慎和仔细地运用好企业的一切资源，给市场创造出愉快和轻松的价值性消费体验。

针对企业的目标市场和所属行业，企业通过"经纬定位"方法制定出来的市场价值链应该遵循几个基本原则。链条性质由于其自身的构造与生俱来的内生原则包括不断性和循环性，商业性质决定了市场价值链作为商业事物必须具备的商业原则包括吸引性和增值性。那么，市场价值链应有的基本原则就是呼之欲出的吸引性、增值性、不断性、循环性这四个基本原则。

- 吸引性：市场价值链的基本面，企业的商品和服务、付款模式、运营模式都应该略不同且略优于竞争对手。因为目标市场只有在能够被企业吸引过来后，才有可能体验企业为其打造的整条市场价值链。例如，优惠券、免费体验、亲切态度等。

- 增值性：市场价值链的增值性不仅加强了其不断性，同时也加大了其循环性。增值性主要是打造企业市场价值链的增值面，但是由于企业的资源有限，企业应该根据自身的优势和能力在市场价值链满足基本面的时候，寻求几个节点进行有异于竞争对手的增强。随着企业的优势和能力逐渐增大，增值的节点也随之增多，最后促使整体市场价值链的全面增值和升级。例如，网上订餐的市场价值链由图片制作、接单、准备饭菜、包装、送餐、客户点评一系列经营节点组合而成。企业可以在包装节点上进行增值，在各个节日里推出针对性的节日包装，对市场客户进行"情"上的亲切感增值。同时，企业也可以在客户点评上进行更好的增值，通过其与客户进行良好的互动增加市场客户的黏性。

- 不断性：市场价值链的基本面的每一个节点必须都有客户需求的情或欲，或者两者皆出现，以确保市场客户不会出现"价值断层"的感受。"价值断层"会使得客户出现价值流失的扩大化感受，这样有可能会造成市场客户的心理不满意度大于实际不满意度。例如，当一家企业在接待客户的时候是充满笑容，在客户进行具体消费时，相关的服务人员却是态度不好，或者在客户离开时却生出人走茶凉的感受时，这便是"价值断层"。"价值断层"会比一开始就没有价值的市场价值链造成的损害和后果更严重，因为市场客户往往会有一种上当受骗的感觉。这就如，"升得越高，摔得越重"。

- 循环性：企业要确保市场客户体验完自己企业的市场价值链以后，

还有再次体验的想法。通常循环性决定于市场价值链的不断性。例如，企业从销售产品一直到售后服务都做得很好的时候，市场客户往往会再有消费企业商品和服务的想法。

前面提到过，市场价值链可通过对照成本链进行清晰认识。同时，市场价值链和成本链处在一种交织状态。对这种由交织状态而存在的两个链条企业应该进行以下方式的处理和调整，以达到打造出异于和优于竞争者的市场价值链，并且将成本链进行资源合理性分配的整合。如下表所示。

市场价值链三个层次的成本处理

	基本面	增值面	核心增值点
竞争者	普遍	不普遍	极少
企业处理方法	取代	增效	投入

这里以餐厅作为事例。客人进入餐厅的时候，基本上所有餐厅都会对客户进行礼貌性的问候，那么礼貌性的问候就属于"基本面"的范畴，那要完成礼貌性的问候作为市场价值链中的一个环节，餐厅就可以根据成本来考量这个"基本面"的环节到底是由人还是机器设备来完成，也就是说，人和机器设备哪一种成本会更低，就用这一种取代另一种。另外，客户在用餐的时候，都会想要干净舒适的环境、积极热情的服务、随叫随到的便利等，那么这时就需要餐厅将其用于清理环境的器具、服务人员的移动性及通过餐厅设施摆放来对客户的用餐体验进行增效。最后，餐厅应该通过在基本面和增值面上省下来的成本投入其想要打造的核心增值点。一般来说，核心增值点都是从增值面上进行寻找和定位。餐厅的核心增值点普遍都是其经营的餐饮内容，那么餐厅就应该在餐饮上面的质、量和特色方面多追加适量的成本。

由于企业的市场价值链是对照竞争者的市场价值链进行科学和合理制定的，那么企业只要再对照竞争者的商品和服务的价格进行调整即可得到企业的价格。这样就能将成本链、市场价值链和价格科学地一致化和市场化，最终经过市场价值链的准确输送和价格的合理制定使市场将相对应的成本链吸收掉。

综上所述，成本的高或低并不是企业经营的最大瓶颈，价格也不是，因为价格的高低影响的是销售数量。企业经营的最大瓶颈应该是对市场价值链的科学打造。

6.2.5 动作化成本法与动作化管理

市场价值链的理解和实际运用离不开目前最为先进的成本理论和系统，动作化成本法（Activity – based costing，ABC）和动作化管理（Activity – based management，ABM），这两个方法的研究都是基于这样一种思考，即企业的薪资是用来支付每个人进行不同的有市场价值性和增值性的"动作行为"的。例如，一家咖啡厅，企业支付月薪 3000 元给每一位客户接待人员，则需要每一位客户接待人员每天做出 20 次的客人问候动作、50 次的清理桌子动作和 20 次的端咖啡的动作等；企业支付月薪 3000 元给每一位咖啡制作人员，则需要每一位咖啡制作人员每天做出 50 次的点单动作、50 次的咖啡机器操作动作和每月 5 次的咖啡配套糕点的调整动作等。这样通过月薪除以这些动作次数，就能很清楚地知道每个员工的效率和动作成本。那么在咖啡制作人员把准备好的咖啡和糕点传递给客户接待人员的时候，这两位工作人员的动作连接就形成一道工序。然后再由各种工序综合起来形成程序，各种程序综合起来形成系统，各种系统综合起来就是对于企业政策的具体执行，各种企业政策综合起来的最终目的就是服务于企业战略。那么通过从每一个动作到政策和战略的贯穿性和贯通性，企业可以制定相关的政策来约束员工浪费资源和资金的动作。例如，现在许多员工都会在工作中有用手机的行为，企业就可以制定一些禁止或者有限使用手机的政策，企业的相关工序、程序和系统就可以得到提升和改良。因为企业的所有人和事进行的每一个动作都是在消耗资源，也就是所谓的经营成本。更准确地说，企业的所有动作最后都会变成财务数据。反之，企业就可以通过财务数据来透析和梳理企业的每一个系统、程序、工序和动作。最后，对所有动作进行改进，使其能与企业的政策和战略有更高的一致性。这样企业的所有成本就没有浪费，真正收到"好钢用在刀刃上"的效果。如图 6 – 5 所示。

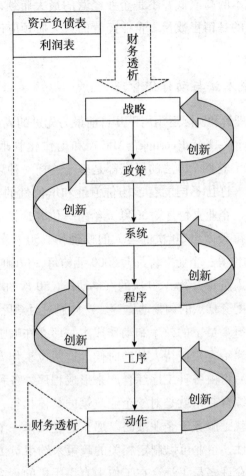

图 6 - 5　战略管理会计与企业经营全面关系

7 林辉康市场价值成本法
（企业战略创新会计法）

7.1 阿米巴精细化管理的利与弊

目前，大部分企业开始注重从"财大气粗"到"财细气粗"的经营观念转变。"财大气粗"是一种商业投资思维，"财细气粗"才是企业的经营思维。这便是"阿米巴精细化管理"在中国备受追捧的原因。阿米巴精细化管理理念是由日本著名企业家稻盛和夫先生创建的。稻盛和夫身为一位成功的企业家非常值得敬重，但是身为一位非会计专业背景人员对管理会计的理解依然具有其局限性。因为稻盛和夫来自日本，其阿米巴精细化管理只是总结了对于日本政治、人文和商业环境比较适用的一个企业经营的工具和方法。"适用"本身是一种相对性概念，因此阿米巴精细化管理能否适应中国政治、人文和商业环境还有待证明，这就如前面讨论到的源于西方的 ERP 系统一直无法在中国得到很好的使用一样。无论如何，阿米巴精细化管理提倡的"精打细算"一定是任何企业需要认识到的生存根本和生存理念之一。虽说阿米巴精细化管理一直局限在传统性管理会计对方法论的研究和总结范畴中，但是其中的"时间核算表"有了战略性管理会计（如动作化成本法）的影子，只是"时间"是作为阿米巴精细化管理理论中唯一区别于传统上使用商品和服务件数进行衡量企业一切成本的基本单位，而动作化成本法中根据不同的企业经营动作和行为采用多样化的动作基本单位来衡量。多样化的动作基本单位使得企业能更有效和更精确地进行成本分配，同时也能捕捉和改变为更有效的企业活动。归根结底，"时间核算表"依然与传统性管理会计一样只是停留在对企业经营成本的高低问题的计算功能，而动作化成本法不仅帮助企业更为准确地发现经营成本的高低问题，同时也能发现企业经营成本高低问题的最根本诱因。可是，动作化成本法中的多样化动作基本单位的采用和使用使得动作化成本法这样的系统十分复杂和昂贵。在中国，目前也只有类似物流行业中顺丰集团这样大型的企业具备使用动作化成本法（ABC）系统的能力和对其进行实际运用。

7.2　林辉康市场价值成本法（企业战略创新会计法）

7.2.1　林辉康市场价值成本法使用前提

我们在前文一直强调，在市场经济体中，对企业经营的科学认识都是建立在认同市场机制有效性的发挥上的。也就是市场机制确保企业的经营是在合法合规的原则下开展的，因为有效的市场机制会对企业产生公平的相对应的奖赏和惩罚。这就确定了，对于市场经济环境来说所有非法非正常的企业经营和经营行为不在"林辉康市场价值成本法"的讨论和运用范围里。同时，对于市场机制具有有效性的认可，也才可以使"林辉康市场价值成本法"中涉及的其他专业人士的理论和学说有了认可的前提，例如，美国哈佛大学波特教授的价值链（或市场价值链）说（Value chain），诺贝尔经济学奖得主Franco Modigliani 教授和 Merton Miller 教授的 MM 定理。

"企业降成本"和"企业减成本"是有本质性的区别的。企业经营中的成本是一种相对性，而非绝对性的概念。企业传统的经营之道就是集中在"收入 – 成本 = 利润"这么一个简单的公式里，如果企业只是一味注重减成本，那么就忽视了收入和利润的作用，因为在这个公式里成本的减少并不直接表示收入和利润一定会提高。但是，降成本则可将"收入 – 成本 = 利润"的公式转换成"成本 = 收入 – 利润"进行理解，这个公式说明了成本降低的关键取决于收入和利润的变动。换句话说，企业成本使用的目的是为了收入和利润目的的实现，那么对于成本的考虑不能只是考虑成本本身，因为在市场经济中成本的高或者低都无法保证收入目的的完成。成本和收入之间的媒介就是市场价值。成本的使用在完成市场价值创造的同时，企业的成本结构调整能达到降成本的效果，即实际成本的上升额小于收入上升额减去利润所需的理论成本的上升。例如，成本结构调整后，收入上升 2 元，利润上升 1 元，理论上成本应该上升 1 元，可在实际中企业的成本只上升 0.5 元，这就达到了降低成本的效果。再如，成本结构调整后，成本下降 1 元，收入和利润保持不变，这也是降低成本的效果。当然，理论上成本下降额大于收入下降额和利润下降额的差也会是一种成本降低的效果，但是这种收入和利润都下降的情况再来探讨成本的下降意义不大，但是这种情况在"林辉康市场价值成本法"里也会有所涉及。最后，通过这种"成本 = 收入 - 利润"的全面性思路来实现降低成本的目的是一种战略管理会计的基本思维方式。

目前世界上盛行的战略管理会计方法主要由动作化成本法（ABC）和动作化管理（ABM）主导。围绕在动作化成本法和动作化管理的主要原则是市场价值理论与增值性动作和行为理论。虽说动作化成本法和动作化管理确实在企业降成本的问题上有实质的价值，它把企业的程序和流程分解成每个具体动作和行为的实施进行成本理解。但是由于动作化成本法和动作化管理十分复杂和专业，更因其复杂性而引起应用时的高昂费用，无法被企业普遍使用。最后，对动作是否具有增值性的区分是很微妙（Subtle）和难定义的一件事。

至此，我将根据战略管理会计的基本科学精神和逻辑，结合 Michael Porter 教授的价值链理论，Franco Modigliani 教授和 Merton Miller 教授的 MM 定理，动作化成本法和动作化管理里的增值性动作和行为理论，并依据自己长期研究的会计理论，研发了一套新的战略管理会计方法，即林辉康市场价值成本法（企业战略创新会计法）。

7.2.2 林辉康市场价值成本法形成的四大理论与学说基础

战略管理会计的基本科学精神和逻辑包括四点：一是企业经营的目的是为市场（客户）创造价值；二是企业的经营和成本结构需要根据行业、市场和竞争者进行有根据的调整；三是企业的经营行为是由企业发生的每一个具体性动作和行为拼装而成，而企业的每一个具体性动作和行为都是对企业资源的一种消耗，这就是成本；四是企业经营和成本结构调整的最终目的是要通过企业创新进而实现比其他竞争者获得相对性更高的利润。基于这四点战略管理会计精神，结合以下四点理论和学说，最终形成"林辉康市场价值成本法"的科学性和可操作性。

第一理论和学说，经济学认为市场是理性的，并且市场机制具备有效性。事实上，在信息化、全球化和激烈竞争等要素导致的行业周期、企业周期和产品周期不断缩短的客观条件下，市场机制的有效性会不断趋近完美。市场机制的有效性的基本特点之一体现在奖赏和惩罚。从市场机制对企业经营进行奖赏的角度理解，也就是企业通过其经营成本创造了多少市场价值，其才能产生多少经营利润。例如，企业的经营成本是 100 元，同时，企业创造的市场价值是 10%。但是，企业却要通过提高价格的方式实现经营利润为 20% 的目的，这样市场机制的有效性便会发挥作用，使得企业在没有创造相对性市场价值的情况下无法获得相对性的经营利润。市场机制可能包括但不局限于客户的理性判断、行业参与者之间的竞争、法律的约束力和信息时代引起的社会监督等市场行为。

第二理论和学说，市场价值源于市场需求（Market demand）。企业只有经营市场有需求的事物才会创造出市场价值。同时，根据动作化成本法和动作化管理理论，企业所有动作和行为引致的成本有增值性和非增值性的根本区别。增值性动作（Value－adding activity）才是市场有真正需求的企业经营动作和行为，同时，企业的价值链是由这些增值性动作拼装在一起形成的，也就是 Michael Porter 教授的价值链理论。企业创造和输出市场价值的载体便是企业的价值链。那么企业的成本就存在价值链上的动作与行为成本和非价值链上的动作与行为成本二者之分。

第三理论和学说，我通过长期跟踪和观察发现，企业经营中的每一个动作和行为都包含三个元素：经营元素、资本元素和税收元素。经营元素是指企业在经营中一旦出现任何动作和行为，就会产生一种企业资源的消耗，自然而然也就形成企业经营的一种成本。资本元素是指出现每一个动作和行为而消耗的资源可能通过所有者权益、债务或者两者结合的资本形式获得。税收元素是指企业在经营中一旦出现任何动作和行为都有税收和非税收的影响。综合来讲，三者存在以经营元素为主，资本元素和税收元素为辅的结构关系。也就是说，在企业经营中出现的动作和行为只有经营元素出现的时候，才可能产生动作和行为的资本元素和税收元素，并且经营元素才是企业经营的根本所在（企业的存在和生存根本是经营行为），因此企业经营中每个动作和行为的经营元素是天然存在的。

第四理论和学说，根据 Franco Modigliani 教授和 Merton Miller 教授的 MM 定理一和定理二，可以知道企业经营、资本、回报率存在的一定关系：关系一，企业的资产和经营独立于企业的资金配置和来源，也就是说企业的资本结构和企业的经营结构是两个独立的部分；关系二，企业总资本固定的情况下，其债务和所有者权益之间的占比关系与企业的经营和资产回报率无关。无论债务和所有者权益在企业里的比例关系如何，只要总资本不变，资产回报率就不变；关系三，与企业经营有关的回报率是企业经营回报率，与所有者权益有关的回报率是企业经营回报率和财政回报率［财政政策（Financial policy）］，这里特别指出，财政回报率在 MM 定理中的计算为：（企业经营回报率－所有者权益的回报率）×（企业的债务÷企业的所有者权益）；关系四，企业经营的息税前回报和息税前回报率不受财政政策和税收政策影响。

7.2.3　林辉康市场价值成本法形成的四大条件

通过前面的四大理论和学说可以推出"林辉康市场价值成本法（企业战略创新会计法）"成立的四个基础条件。

第一条件，对于企业经营，企业和所有者是两个不同的个体。对于企业经营来讲，与企业经营有关的是企业经营回报率。对于所有者权益来讲，与所有者权益有关的回报率是企业经营回报率和财政回报率。而企业经营的回报价值不受利息和税收影响，相反，所有者权益的回报价值受到利息和税收的影响。从会计专业来讲，即与企业经营的回报有直接关系的是息税前利润，而与所有者权益的回报有关的是息税后利润。

第二条件，在市场机制有效性理论下，企业要获得息税前利润，就需要创造对应性的市场价值。例如，企业的总成本是 100 元，企业要获取 10 元的息税前利润，就得在 100 元成本上创造出有市场需求的 10% 的市场价值。那么这里的息税前利润的百分比率理解和传统的会计理解不一样。传统会计对息税前利润百分比率的理解一般是建立在息税前利润和销售收入的百分比上的，而这里的息税前利润百分比率是建立在息税前利润和企业经营总成本两者的百分比上的。

第三条件，息税前利润是由收入减掉总成本而来，收入是由价格和数量相乘而来，那么就是说价格可以影响息税前利润。而企业对价格具有决定权，为了排除企业拥有决定权带来的主观因素影响，这里将价格设想为市场机制有效性发挥下的市场价格。这样，息税前利润和企业创造的市场价值才可以进行等同说明，所以，在此法中息税前利润就是企业创造的市场价值，企业创造的市场价值就是息税前利润。

第四条件，企业的动作和行为与成本，市场价值和息税前利润之间的四个关系。关系一，价值链上的动作和行为是企业对市场价值进行创造的动作和行为；关系二，非价值链上的动作和行为与企业自身的需求有关，而与市场需求无关，企业经营的宗旨是服务市场，而非服务自身，因此非价值链上的动作和行为无论其增值意义如何，企业应当尽可能合理地减少这部分成本；关系三，市场价值的认定标准是市场需求；关系四，企业的市场价值创造能力客观反映在企业的息税前利润。这四个关系决定企业的成本根据动作和行为属性所应进行的两大调整方向：价值链上的动作与行为成本和市场价值创造之间的敏感度和增值性最为重要，非价值链上的动作与行为成本以降低和保持合理最为重要。

7.2.4　林辉康市场价值成本法（企业战略创新会计法）的内容

7.2.4.1　市场价值成本压力效应

通过四大理论和学说建立四大条件后，林辉康市场价值成本法（企业战略创新会计法）发现了"市场价值成本压力效应"并发明了"市场价值成本指数"，然后，以市场价值成本指数为中心对企业的经营动作和行为及成本进行"两大部分、六个步骤"的指导和调整，最后，实现企业创新和降低成本的战略目的。

企业经营，无论是价值链上或非价值链上的动作和行为，即无论是增值性或非增值性的动作和行为都是企业资源的一种消耗方式，也就是企业经营成本的具体形式。换一种方法讲，企业经营总成本包含价值链上和非价值链上的动作和行为成本，即增值性和非增值性的动作和行为成本。促使市场和客户消费行为的是价值链上的动作和行为成本，即增值性的动作和行为成本。另外，企业是通过市场和客户的消费行为实现总成本转嫁给消费者和息税前利润获取的最终目的。因此，由各种价值链上的动作和行为组织而成的价值链、总成本和息税前利润三者形成了一种压力关系。而企业降成本的目的就是对这种压力关系减压。

企业要获取息税前利润就得创造相对应的市场价值，而市场价值是由企业的价值链上的动作和行为成本，而非总成本创造的。也就是价值链上的成本需要承载市场价值创造的压力和非价值链上的成本回收的压力这两种压力。例如，企业的总成本是100元和息税前利润是10元，其中60元是价值链上的动作和行为成本，另外40元是非价值链上的动作和行为成本。那么企业创造市场价值的实际成本只有 60 元，而非 100 元。而要降低成本，有两个方向，包括：一是降低非价值链上的动作和行为成本（在刚才的例子中，如果企业的非价值链上的动作和行为成本减为 30 元，企业就有多 10 元的息税前利润）；二是提高价值链上的动作和行为拼装而成的价值链的市场价值创造能力（在刚才的例子中，如果企业的价值链上的动作和行为在 60 元的成本基础上能多创造 10 元的市场价值，也就能多 10 元的息税前利润）。最后，提高价值链上的动作与行为成本和市场价值创造之间的敏感度和增值性是战略管理会计的主要方向，也是"林辉康市场价值成本法（企业战略创新会计法）"的重点内容。

现在，可以得出这样一个公式。在这里，企业价值链上的动作和行为成本占总成本的百分比率假设为 X，非价值链上的动作和行为成本占总成本的百分比率则为 $1-X$，企业的息税前利润百分比率假设为 Y。企业应该创造的市场价值百分比率就是 $X \times Y + (1-X) \times Y$。一直强调，企业的市场价值创造是依赖于价值链上的动作和行为成本，也就是依赖于 X。将企业应创造的市场价值百分比率 $X \times Y + (1-X) \times Y$ 除以 X，则得到：

$$\frac{X \times Y + (1-X) \times Y}{X}$$

这个公式形象地说明了企业通过 X 来传输 $X \times Y + (1-X) \times Y$。反过来说，$X \times Y + (1-X) \times Y$ 给 X 形成了一种压力。那么 $X \times Y + (1-X) \times Y$ 是与市场价值有关的比率，X 是与成本有关的比率，因此，在这里将这个经济现象称为"市场价值成本压力效应"，也就是每一个价值链上的动作和行为单位需要承担的市场价值创造压力。将这个公式简化一下得到：$(1/X) \times Y$。

市场价值成本压力效应是企业流程再造的根本性诱因和数据性证明。企业流程再造在英文上的表达为"business process reengineering"。"Reengineering"这个词很形象地说明企业流程再造是因为"引擎动力"的失效，而对于企业来说"引擎动力"就是企业的盈利能力和盈利能力的持续性。那么，要保证企业的盈利能力和盈利能力的持续性，企业就得保持企业经营成本所能创造的市场价值水平，而这个水平的定义就是市场价值成本压力效应。因此，市场价值成本压力效应可以说在全球经济领域是一个非常重要的发现。

7.2.4.2　市场价值成本指数

"$(1/X) \times Y$"显示的是需要创造的市场价值给予企业价值链的一种增值

压力。企业的价值链上的动作和行为成本百分比率（即 X）越低，或者企业想要获得的息税前利润百分比率（Y）越高，这种压力就越大。这里有两种情况可以很好地解释这种压力。情况一，在企业的息税前利润百分比率不变的情况下，企业投入到价值链上的动作和行为成本越低，企业能创造出息税前利润百分比率所需对应市场价值的能力就会越低，压力就越大。情况二，在企业价值链上的动作和行为成本不变的情况下，企业想要息税前利润百分比率增大，那么企业就需用原来的价值链上的动作和行为成本水平来创造更大的市场价值，压力就越大。反之亦同理。

综上所述，为了使企业更好理解，同时对市场价值和企业价值链二者形成的关系进行实际应用，在这里通过下面三个条件将这种关系推演成为一个数值，称为市场价值成本指数。最后，围绕市场价值成本指数，我研发了一套帮助企业降成本和进行创新的战略管理会计法则，即林辉康市场价值成本法（企业战略创新会计法）。市场价值成本指数形成的三个条件分别为：

第一个条件，由于"（$1/X$）$\times Y$"是一个百分比率，那么在其后面乘以一个倍数（通常为 100 使其变为数值）。

第二个条件，X 和 Y 至少为 1%。企业价值链上的动作和行为成本占总成本至少 1% 是十分科学的。换句话说，企业经营过程中是不可能对市场不做任何增值性的动作和行为（除非是非法非正常的企业经营）的。企业经营的目的是盈利，息税前利润至少为 1% 对于企业经营也是十分科学的。

第三个条件，X 只会靠近 100%，不会达到 100%。也就是说，企业经营不可能达到完美状态。

由第一个条件，得出：

$$市场价值成本指数 = （1/X）\times Y \times 100$$

理论上，市场价值成本指数应介于数值 1 和无限大之间。市场价值成本指数的变化对企业应创造的市场价值和企业的动作和行为成本的增值性的认定有着观测作用。

7.2.4.3 两大部分与六个步骤

值得再次强调，降成本和减成本有本质上的区别，战略管理会计就是建立在这种认识上面的一门学科。一方面，企业如果只是重视减少成本，而无法创造市场价值，销售就会停滞不前，而降低成本更是无从谈起。另一方面，企业只有通过不断创新来提升市场价值能力创造，而后通过销售把成本回收，才有降低成本的可能性。这就是战略管理会计的基本精神。

企业价值链上的动作和行为成本才是创造整体市场价值的有效成本。那么，根据"市场价值成本指数 = （1/X）×Y×100"这个公式，X的计算对应的只是总成本其中的一部分（也就是价值链上的动作和行为成本），Y的计算对应的则是总成本。因此，如果企业价值链上的动作和行为成本百分比率增加（即X增加），息税前利润的增加能得到相同或高于相对应的百分比率（即Y增加），那么既能起到降成本的效果，也能保证价值链上的市场价值创造能力不变或提高。例如，20×1年价值链上的动作和行为成本、总成本、息税前利润分别为50元、100元及10元。20×2年价值链上的动作和行为成本为60元，价值链上的动作和行为成本百分比率增加20%，即（60－50）÷50，那么价值链上的动作和行为如果依然具备相同的市场价值创造能力，企业的息税前利润就应该为12元，即10×（1＋20%）。

前面提到，提高价值链上的动作和行为拼装而成的价值链的市场价值创造能力是战略管理会计的主要方向，也是此法的重点。企业的经营是一种整体的结构性关系，只能通过科学和客观的调整来实现结构性优化，才有可能提高市场价值创造能力。正是基于这样的战略思考，并且结合管理会计对企业的工具性分析能力，林辉康市场价值成本法（企业战略创新会计法）通过帮助企业盈利结构的不断优化实现降低成本和科学创新的目标。此法运用总成本和息税前利润的关系，市场价值与息税前利润等同关系，总成本中价值链上的动作和行为成本承担市场价值创造压力的关系，利用这三种关系对企业进行降低成本和科学创新的操作。

林辉康市场价值成本法（企业战略创新会计法）的具体操作包含了两大部分。在第一部分有两个步骤，第二部分有四个步骤，总共六个步骤。

第一部分（包含第一步骤至第二步骤）：非价值链上的动作和行为成本与市场价值创造和息税前利润的校正关系：

- **第一步骤**：对比非价值链上的动作和行为成本与市场价值创造和息税前利润的整体关系。
- **第二步骤**：调整非价值链上的动作和行为成本与市场价值创造和息税前利润的关系。

第二部分（包含第三步骤至第六步骤）：价值链上的动作和行为成本与市场价值创造和息税前利润的校正关系：

- 第三步骤：价值链上的动作和行为成本升高，息税前利润降低。
- 第四步骤：价值链上的动作和行为成本降低，息税前利润降低。
- 第五步骤：价值链上的动作和行为成本升高，息税前利润升高。
- 第六步骤：价值链上的动作和行为成本降低，息税前利润升高。

这两大部分和六个步骤围绕以市场价值成本指数为中心对企业的经营动作和行为及成本进行指导和调整，最后，实现企业创新和降成本的战略目的。由于两大部分和六个步骤的战略管理会计原理较为专业化，为了不脱离本书的写作精神，在这里就不进行步骤性的详细介绍。

7.3　全球会计人的未来

国防和经济是任何国家、任何时期都最为重要的两个主要战略部分。军人是国防建设力量，会计人员则像军人一样服务于经济的第一战线。会计人员如果无法通过财务数据里面暗藏的商业原理和商业现象帮助企业进行合理的资产负债调整，利润和成本结构调整，并找出其他相关的经营问题，在未来很难称得上一名合格和具备专业能力的会计人员。特别是会计的很多传统性功能正逐步被人工智能取代，使得这种看法更加具备科学认识基础。会计人员立足于会计本身来理解会计作用和功能的发展，围绕着它的有两个端位，一个称为替代端，也就是传统上的记账、报税、审计及管理作用和功能，一个称为未来端，也就是本书内容一直强调和说明的财务数据的战略性作用和功能。

现在国际会计行业开始研究和关注管理会计对企业经营的战略性作用，许多会计专业机构着眼于未来发展，都呼吁会计人员不能只是成为会用记录财务数据来描绘企业价值，而是应该向能通过挖掘财务数据来创造企业价值的专业人士方向发展。并且，价值的创造没有比能提供给企业用于做出最客观、最有竞争力、最大回报决策的财务信息更重要的了，即战略管理会计性质的数据信息。

7.4 中国企业未来的全球化

战略和创新，需要的都是一种超越精神。市场竞争中，模仿者都只是扮演跟随者的角色（Followership），而不能真正扮演领导者的角色（Leadership）。创新精神就是源于超越，中国企业在未来要敢于以领导者的角色迎接挑战。一般来说，企业管理的专业领域里，一直都只是将领导者和跟随者的区分局限于行业里企业与企业之间关系的认知，即领导者就是行业里的龙头企业。这样的认知很容易将非龙头企业的竞争意识和心理意识错误地引进一种固定思维模式。那就是，非龙头企业都会潜意识地以行业中的现实龙头企业为标杆，但是万一这些现实龙头企业标杆的市场标准出现误差甚至错误的时候，其他企业就失去了很好的超越机会。这种局限于只对行业里的企业进行领导者和跟随者的区分认知在潜意识上已经有了主次和强弱之分，但是市场机制的竞争根本性就是"公平"二字，在"公平"面前也就是所有人都有机会。达尔文的进化论对竞争的独到见解就是，在竞争中存活下来的不会是最强的，只会是最能适应环境的。我们可以佩服强者，但在市场竞争中，"跟随强者"却不会是创新的一个很好的战略选择。市场竞争中的终极战略目的只有一个，就是让市场接受自己，而"强"不是让市场接受的绝对和唯一标准，例如，当年风靡市场的摩托罗拉、夏普、诺基亚、爱立信等，如今它们的市场强者之位也已经易主。

对于市场经济的探讨，企业间没有事实上的领导者和跟随者。只有市场才是绝对领导者，任何行业及无论大小企业都是市场的跟随者，市场的合理需求和趋势领导一切行业和企业，谁挖掘到了真正的市场需求，随时都可能从跟随者进行"弯道超车"式的发展成为领导者。相反，行业和企业不可能出现不需要市场加冕的无冕之王。当今的市场竞争，不用说一个企业，就算是整个行业也随时可能在一夜之间就被市场淘汰和抛弃。

在愈演愈烈的大数据时代，"创新机会很多，但是创新周期也会很快"的这个新现象是未来企业必须清晰意识到和有足够心理准备的。以前一个新产品的生命力可能是 12 个月，现在可能只有 6 个月、3 个月，甚至只有 1 个月。这种新现象背后隐含的意义就是行业中领导性企业被超越的窗口期会越来越多，弯道超车的机会越来越多。只是要对这些窗口期和"超车"机会做出科学的把握和捕捉，而科学的把握和捕捉方式正是需要依赖对外部和内部数据的不断解读以寻找商业和经营元素的调整进而建立起新的商业模式（Business model）和战略定位。在全球化竞争中，企业面临的考验已经不是要或者不要创新的问题，事实上，企业本身作为市场的参与者，自己是无法选择的。很简单的道理，在未来全球化竞争中，中国企业不创新，韩国企业要创新，韩国企业不创新，美国企业要创新，美国企业不创新，德国企业要创新。我们必须深刻意识到，市场的选择性很大。

在中国制造时代，中国作为全球整体经济供应链的制造这一重要环节，自然引得许多外国企业走进中国。而在后中国制造时代，中国经济的转型升级也意味着中国企业走出中国的普遍性和必然性。因此，对于中国企业在未来的全球化的发展已经不是"要不要走出去"，而是"如何走出去"的问题。有关数据显示，中国企业走出去的道路并不平坦，许多企业更是铩羽而归。中国企业走出中国，并不意味着形式上简单的合作、收购、合并、建厂等商业处理和发展。这些商业发展模式仅仅是一些战略工具，而战略工具是为企业战略本身服务的。在全球化的商业竞争中，人力、物力和财力都是企业的战略资源，这些资源的强弱不会是决胜的制高点，保证战略的客观性和确保战略的执行到位才是企业的制高点。这样，一切就要回归和立足于企业战略本身的整体协调性和科学性，企业才不会在全球化道路上的发展出现由于激进和盲目导致的被动。企业战略的整体协调性和科学性只能依赖企业对其财务和非财务数据的解析和预测能力，这就需要企业对管理会计的技巧性工具和战略性思维的双重了解和运用。中国企业走出去的成功与战略管理会计的关系总结为三大要素：

——战略制定。

——依靠管理会计的运算能力来帮助企业理解战略的数据化和具体化。

——风险控制能力和体系建设。

参考文献

中文文献

[1] 澳大利亚会计师公会.2017 商务案例分析大赛——赛前指导手册 [Z].澳大利亚会计师公会华东和华中地区办事处,2017.

[2] 稻盛和夫.阿米巴经营(中译本)[M].陈忠,译.北京:中国大百科全书出版社,2009.

[3] 罗伯特·莉比,帕特里夏·A.莉比,丹尼尔·G.肖特.财务会计学:第6版(中译本)[M].陈艳,耿玮,译.大连:东北财经大学出版社,2009.

[4] 罗伯特·莉比,帕特里夏·A.莉比,丹尼尔·G.肖特.《财务会计学:第8版》(中译本)[M].陈艳,耿玮,译.大连:东北财经大学出版社,2015.

[5] 美国管理会计师协会.财务报告、规划、绩效与控制:英汉双语—第四版(上、下册)[M].舒新国,赵澄,译.北京:经济科学出版社,2015.

[6] 美国管理会计师协会.财务决策:英汉双语—第四版(上、下册)[M].舒新国,赵澄,译.北京:经济科学出版社,2015.

[7] 全国哲学社会科学规划办公室.国家社科基金项目:2017 年度课题指南[EB/OL].http://www.npopss-cn.gov.cn/n1/2016/1216/c220863-28956126.html.

[8] 吴大军,牛彦秀.管理会计[M].大连:东北财经大学出版社,2013.

[9] 向松祚.新资本论——全球金融资本主义的兴起、危机和救赎[M].北京:中信出版社,2015.

英文文献

［10］ALFRED SCHIPKE, ZHANG LONGMEI. 2017. Aligned stars point the way forward for reforms［N］. China Daily, 21 – 22 Oct. p. 7.

［11］AL RIES, et al. 2003. The 22 Immutable Laws of Marketing in Asia［M］. Singapore: John Wiley & Sons(Asia)Pte Ltd.

［12］AN BAIJIE, WANG YANFEI. 2017. Opening-up will remain the basic policy of China［N］. China Daily, 18 Oct. p. 1.

［13］BOUDREAU, M-C. & ROBEY D. 1996. Coping with Contradictions in Business Process Reengineering［J］. Information Technology & People, 9 (4): 40 – 57.

［14］BRENDAN SWEENEY, JENNIFER O'REILLY. 2013. Law in Commerce ［M］. 5th Edition. Chatswood NSW: LexisNexis Butterworths.

［15］CRAIG DEEGAN. 2007. Australian financial accounting［M］. 5th Edition. North Ryde NSW: McGraw-Hill Australia Pty Ltd.

［16］CRAIG DEEGAN. 2007. Financial accounting theory［M］. 2nd Edition. North Ryde NSW: McGraw-Hill Australia Pty Ltd.

［17］DAVID CAMPBELL, et al. 2002. Business strategy; an introduction. 2nd Edition［M］. Jordan Hill Oxford: Butterworth-Heinemann.

［18］FAN DAYU. 2017. Japanese lesson to improve manufacturing［N］. China Daily, 18 – 19 Nov. p. 4.

［19］FRANCES J, GARNSEY E. 2000. Reengineering the Food Chains［M］. London: The Reengineering Revolution Sage Publications, pp. 88 – 113.

［20］FULSCHER J, POWELL S G. 1999. Anatomy of a Process Mapping Workshop［J］. Business Process Management Journal, 5(3): 208 – 237.

［21］GEORGE STONEHOUSE, et al. 2000. Global and transnational business; strategy and management［M］. Chichester West Sussex: John Wiley & Sons, Ltd.

［22］GRAHAM CURTIS, DAVID COBHAM. 2002. Business information systems; analysis, design and practice［M］. 4th Edition. Harlow Essex: Pearson Education Limited.

［23］GRANT GAY, ROGER SIMNETT. 2007. Auditing and Assurance Services in Australia[M]. 3rd Edition. North Ryde NSW：McGraw-Hill Australia Pty Ltd.

[24] GRINT K. 1994. Reengineering History；Social Resonances and Business Process Reengineering[J]. Organization，1(1)：179 – 201.

[25]HAYES T M，HELMS M M. 1999. Process Improvement in a Utility Company[J]. Business Process Management Journal，5(4)：297 – 310.

[26] HUNT V D. 1996. Process Mapping：How to Reengineer Your Business Processes[J]. State of New Jersey：John Wiley & Sons. Chapters 1 and 3.

[27] INSTITUTE OF MANAGEMENT ACCOUNTANTS (IMA). 2017. IMA Strategy and Competitive Analysis Learning Series™ [D]. Montvale New Jersey：IMA.

[28] JAMES BECK, et al. 2016. CPA program-ethics and governance [M]. Geelong Victoria：Deankin University(on behalf of CPA Australia Ltd).

[29]KEN TROTMAN，MICHAEL GIBBINS. 2005. Financial accounting；an integrated approach[M]. 3rd Edition. South Melbourne Victoria：Thomson.

[30]MICHAEL E PORTER. 2011. HBR's 10 must reads on strategy[M]. Boston Massachusetts：Harvard Business Review Press.

[31]PAUL M COLLIER. 2006. Accounting for managers：interpreting accounting information for decision-making[M]. 2nd Edition. Chichester West Sussex：John Wiley & Sons Ltd.

[32] PHILLIP LIPTON, ABE HERZBERG. 2006. Understanding company law [M]. 13th Edition. Pyrmont NSW：Lawbook Co.

[33]RALPH M STAIR, et al. 2007. Accounting information systems and financial modeling[M]. South Melbourne Victoria：Thomson.

[34] ROGER D BLACKWELL. 2001. Consumer behavior [M]. 9th Edition. Orlando Florida：Harcourt，Inc.

[35]SHIN，MANCHUL，JEMELLA，et al. 2002. Business Process Reengineering and Performance Improvement：The case of the Chase Manhattan Bank[J]. Business Process Management Journal, 8(4)：351 – 363.

[36]STEPHEN ROSS，et al. 2007. Fundamentals of corporate finance[M]. 4th Edition. North Ryde NSW：McGraw-Hill Australia Pty Ltd.

[37]TERRY J WATSHAM，KEITH PARRAMORE. 1997. Quantitative Methods

in Finance[M]. 1st Edition. Bedfor Row London：Thomson.

[38]VALENTINA TRIPP, et al. 2015. CPA program-global strategy and leadership[M]. Geelong Victoria：Deankin University(on behalf of CPA Australia Ltd).

[39]WILLMOTT H. 1995. The Odd Couple? Reengineering Business Process；Managing Human Relations[J]. New Technology, Work and Employment, 10(2)：89-98.

[40]XINHUA. 2017. New thought charts path to future[N]. China Daily, 21-22 Oct. p. 1.